中国历代将帅墓

黄濂 编著

大连出版社
DALIAN PUBLISHING HOUSE

图书在版编目(CIP)数据

中国历代将帅墓/黄濂编著.—大连:大连出版社,2007.9
ISBN 978-7-80684-454-0

Ⅰ.中… Ⅱ.黄… Ⅲ.陵墓—简介—中国—古代
Ⅳ.K928.76

中国版本图书馆CIP数据核字(2007)第037540号

责任编辑:李　鹏
封面设计:曹　艺
责任校对:于孝锋

出版发行者:大连出版社
地址:大连市西岗区长白街10号
邮编:116011
电话:(0411)83621171/83620941
传真:(0411)83620490
http://www.dl-press.com
e-mail:cbs@dl.gov.cn
印 刷 者:沈阳全成广告印务有限公司
经 销 者:各地新华书店

幅面尺寸:170mm×230mm
印　　张:12.5
字　　数:230千字

出版时间:2007年9月第1版
印刷时间:2007年9月第1次印刷
印　　数:1～5000
书　　号:ISBN 978-7-80684-454-0
定　　价:38.00元

目 录

原始社会

商周春秋战国

秦

汉

三　国

晋（十六国）

南北朝

隋

唐

宋

元

明

清

〔原始社会〕蚩尤墓

蚩尤(生卒年不详)，上古九黎族酋长，军事首领。

九黎族部落兴起于今冀、鲁、苏、豫的交界地区，在酋长蚩尤的统领下日益强大，形成由81个氏族组成的联盟，《史记》中说他有兄弟81人。他们勇猛强悍，有很强的战斗力。蚩尤发明了金属兵器，《世纪·作篇》载，“蚩尤作五兵：戈、矛、戟、酋矛、夷矛”，成为最早的武器发明家。蚩尤率其部族由东向西北发展时，为争夺适合生存地带，多次与其他部族发生战争。他联合夸父部族和三苗部族，先战败炎帝族，后又乘势北进涿鹿，攻击黄帝族。蚩尤利用浓雾天气围困黄帝族。黄帝在多战不胜的情况下，命人造了指南车才冲出浓雾。蚩尤战败被杀，九黎族一部分融合于华夏联盟，后来成为我国的汉族；另一部分向西南迁徙，形成了苗、瑶等几个少数民族，他们都尊蚩尤为始祖。

在中国历史上，一些史书把蚩尤说成为暴君、怪物，这是不公正的。蚩尤虽兵败被杀，他仍然是中华文明史上的一个伟大人物。他不仅是苗、瑶等少数民族的始祖，也是中华民族的先祖之一。在民间，人们尊他为“战神”。西周时，把蚩尤和黄帝并列为战神来祭祀。秦时，把蚩尤列为八神将中的兵主，“三曰兵主，祀蚩尤”，蚩尤遂以战神形象坐了第三把交椅。汉高祖起兵时，“祭蚩尤于沛庭”，并用牲畜血涂在军旗、战鼓上。得天下后，又在长安建立蚩尤庙。近年来，在涿鹿县黄帝泉(即阪泉)建立了“中华三祖堂”，把炎黄二帝与蚩尤并列为三祖，这对加强中华民族潜在的凝聚力，具有重要意义。

蚩尤墓位于河北省涿鹿县西南3公里保岱乡保岱村北。黄土夯筑，占地5亩。墓冢原呈圆锥形，由于雨水冲刷和经常取土，已变成圆形平顶，东南面因挖土被削成直壁。现墓残高约6米，周长约80米。传说蚩尤死后被肢解，分埋几处，所以，在涿鹿别处可能还有蚩尤墓。

残破的蚩尤墓(2000年9月)

〔商〕伊尹墓

伊尹夫人塑像

伊尹(生卒年不详)，商王朝的开国重臣。军事谋略家。名伊，尹为商代职官名。一说名挚，职官名阿衡，原为夏末有莘氏部落(今山东曹县北，一说在今河南开封东南)首领的家奴，富有谋略。作为有莘氏女的陪嫁奴来到商汤处为司厨，以其过人的才智为汤所赏识，后任用为相。他替汤出谋划策，最后经鸣条一战，攻灭夏朝，奠定商王朝基业。伊尹总结海内万邦存亡的教训，制定出君臣之间的关系准则。商汤去世后，先后扶立、辅佐汤的儿子外丙、仲壬二王。仲壬死后，商汤孙太甲继位，商朝实权落到身居相位的伊尹手里。因太甲破坏商汤法规，不理国政，伊尹将其送往桐宫反省，自摄国政。三年后，太甲悔过后还政，自己仍居相位辅政。太甲死后，伊尹作《太甲训》三篇(今佚)，并尊太甲为“中宗”。又扶立太甲子沃丁为王。相传伊尹在沃丁时善终，享年100余岁。殷墟甲骨文中有祭祀伊尹的卜辞，可见他的地位之高。被历代儒家奉为贤相(《竹书纪年》，则说篡位被杀)。

伊尹墓(2000 年 9 月)

伊尹墓位于河南

省虞城县站集乡魏圮固堆村内。伊尹死后，商朝第五代王沃丁以天子礼葬于南亳(虞城县站集乡)。墓呈圆丘形，占地面积约60平方米，高约3米，周长约30米，底边砌砖墙维护。墓区有唐植古柏，郁郁葱葱。墓前为伊尹祠，内供伊尹塑像，祠左侧有历代祭祀碑碣20余通，右侧是伊尹夫人祠，内供伊尹夫人塑像。伊尹不仅是奴隶出身的宰相，还是烹饪鼻祖、药剂学家，“汤液”的创始人。因此，前来瞻仰祭祀的人络绎不绝。

伊尹夫人祠(2000 年 9 月)

伊尹墓碑(2000 年 9 月)

〔商〕妇好墓

妇好雕像

妇好，商朝第23代王武丁之妃，杰出的女政治家和军事家。

夏朝帝王有十二夫人，商朝帝王设三十九妃。

妇好长得清秀端庄，性情豪放，文武兼备，是武丁王妃中最受宠者。

商朝把祭祀和军事，视为国家的两件大事，即“国之大事，在祀与戎。”祭祀和占卜是殷商最重要的政治活动，种类繁多，祭时各异。祭天地、祭祖先，出征前要祭祀，禳除疾病和灾祸要祭祀等等。这些祭祀活动，都是由地位较高的奴隶主来主持，妇好就经常受商王武丁之命主持祭祀。

妇好还是商朝的卜官。在保存下来的甲骨文中，有些是出于妇好的手刻。妇好既能诵读祭文又能刻写卜文，可见她是具有较高文化修养的。通过主持祭祀和占卜，她参与朝中的政治活动，成为武丁时期，也是中国有文字记载以来的第一位女政治家。

妇好墓神道(1999 年 10 月)

妇好也是中国第一位女将军。她曾受武丁之命，多次带兵出征，击土方，伐羌方，讨夷方，征巴方。卜辞有“登妇好三千，登旅万乎伐羌”的记载。意思是说，商王武丁征发妇好所属三千人和其他士兵一万人，去征伐羌国。妇好率领一万三千大军奔赴前线，在与羌兵交战时，她留下一部分兵马牵制敌人，自己率领着大部队，迂回到敌军的后方，前后夹击，一举歼灭了羌军，俘获了大量俘虏凯旋。在妇好墓中，曾出土了两把铜钺，每把重8.9公斤，上边刻有“妇好”的铭文。铜钺象征着商王朝极高的王权与军权，可见妇好在军事方面至高无上的权威。

妇好大铜钺

妇好有自己的封地，在经济上是完全独立的。她拥有大量的青铜器、玉器和货贝，这些是权力和财富的象征。

武丁能将商王朝推向极盛，被称作“中兴之主”，这里也有妇好一分显赫的功业。妇好死后，有独葬的墓穴，而且享受独祭的隆礼。每有军事行动，武丁就通过祭祀祈祷妇好在天之灵，帮助自己战胜敌人。这也反映出妇好的地位之高，威名之盛。

妇好墓位于河南安阳市小屯村西北100米处。1976年，国家对该墓进行了发掘。墓圹作长方形竖穴，南北长5.6米，东西宽4米，深8米。葬具为木椁和木棺。墓内殉人16个，殉狗6只，墓主遗骸已朽。随葬品有铜器、玉石器、骨器、象牙器、陶器、蚌器等1928件。这些器具的用途，主要是礼器、武器、杂器、乐器，还有生产、生活用具以及装饰品等。青铜器上多有“妇好”铭文，有不少是罕见的珍品。

1987年，在该墓原地复原享堂等建筑，神道两侧有象形的石刻56件。妇好墓的发现，使这位湮没3000多年的女政治家和军事家的事迹，重见天日。

妇好墓地宫

〔周〕吕尚（姜子牙）墓

吕尚(生卒年不详)，商周之际军事家。齐国始祖。又名望，吕氏，姜姓，字子牙，称太公望，俗称姜太公。西周初为“师”(武官名)，也称师尚父。辅佐文王、武王灭商有功，成王封他于齐(山东北部)。文王纳吕尚谋，卑事商纣，暗求发展，乘隙剪商羽翼，造成“三分天下有其二”(《论语·泰伯》)的局面，奠定灭商基础。武王伐纣前，吕尚亲入商都探察情况，协助制定乘虚进军、奔袭商都的作战方略。牧野之战中，吕尚率一部精锐士卒，迅猛冲击对方前阵，促商军前阵倒戈，周军主力乘势进攻，一举灭商。史称吕尚有著述，难以确信。传世《六韬》，有说是战国至秦汉间人托名吕尚之作。吕尚死后葬于周。

吕尚墓位于陕西省咸阳市周陵乡崔家村，在周武王陵东约400米处。封土圆丘形，夯筑。残高4.5米，底径约18米。墓前有清乾隆年间陕西巡抚毕沅立“齐太公陵”石碑一通。据说此墓是汉代的，误传为“周太公”墓。现为区文保单位。

吕尚墓(1996 年 9 月)

在吕尚的封地齐国，还有“姜太公衣冠冢”，位于山东省淄博市临淄区永流乡张家庄东南。冢高18米，南北约50米，东西约55米。《齐记补遗》载：“太公葬于周，齐人思其德，葬衣冠于此”。

〔春秋齐〕管仲墓

管仲(?—前645)，春秋时第一个霸主齐桓公的宰相。军事谋略家。又称管敬仲。名夷吾，字仲。颍上(颍水之滨)人。少时与鲍叔牙友善。齐乱，随公子纠出奔至鲁，鲍则随公子小白出奔至莒。襄公被杀，纠和小白争夺君位，小白得胜，即齐桓公。桓公任鲍叔牙为宰，鲍坚持不受，推荐管仲为相。早在纠与小白作战时，管仲曾弯弓发矢，射中桓公衣带钩，桓公假装受伤倒地才免遭毒手。桓公爱才，不念旧恶，同意叔牙保举，使管仲得以对政治、经济、军事各方面从事改革，选拔人才治理国家。他利用本国优越的自然条件，发展农业、渔业等生产，设置盐官、铁官，奖励盐铁的生产，并出卖给邻国获取厚利；改革军制，设常备精兵3万人，经常操练，夜里作战听见声音就不会乱伍，白天作战看见容貌就互相认识。他帮助齐桓公以“尊王攘夷”相号召，先后灭掉30多个诸侯国，九次以盟主资格会见诸侯，成为春秋时第一个霸主，《史记》载：“齐桓公以霸，九合诸侯，一匡天下，管仲之谋也。”管仲不忘鲍的相知，常说：“生我者父母，知我者鲍子也。”

管仲墓位于山东省淄博市临淄区齐陵镇北山村西400米。墓呈圆丘状，南依牛山，西临沟壑，北侧陡峭。现高14米，东西长34米，南北宽14米。墓前旧有石碑一块，刻毛维骀诗曰：“幸脱当年车槛灾，一匡霸业为齐开；可怜三尺牛山土，千古长埋天下才”，碑已无存。1981年，沿墓周修砖石围墙加以保护，大门两侧雕有石狮一对。墓前新立二石碑：一刻管仲半身像，一刻“齐相管夷吾之墓”七个大字。碑前设有石供案，为人们祭祀所用。墓上灌木丛生，花草繁茂。

管仲墓(1999年9月)

[春秋齐] 司马穰苴墓

司马穰苴墓(1999年10月)

司马穰苴(生卒年不详)，春秋末期齐国大夫，军事家。齐国人，田氏，任司马。即田穰苴。齐相晏婴说他“文能附众，武能威敌”，推荐于齐景公任将军。他受齐景公命，率军抗击晋、燕军入侵。出征时，监军庄贾(景公的亲信大夫)姗姗来迟，为应付亲朋送行饮酒，喝得醉醺醺。穰苴严肃指出：作为将帅，受命之后就应忘其家，治理军队就应忘其亲，临阵对敌就应忘其身。现将士在边境与敌殊死作战，国君吃睡不香，怎能把军机大事当儿戏?立即按军法斩首。当使者带景公赦令疾奔军中，他说：将在军，君令有所不受。并下令拆毁车辆，斩杀马匹，作为对在军营里驱车横冲直撞者治罪，以正军纪。从此，齐军一改散漫和松弛的毛病，纪律严明，令行禁止，士气高昂。晋、燕之师不战自退。他率军追杀，收复了被夺的城池和土地。景公郊迎劳师，功封他为大司马。他深通兵法。战国时，齐威王命大夫整理古司马兵法，附穰苴兵法于其中，称为《司马穰苴兵法》。由于司马穰苴功勋卓著，地位显赫，引起贵族们的嫉妒和谮害，因此，被革职郁疾而死。

司马穰苴墓，位于山东省淄博市临淄区齐都镇尹家庄南250米处。封土呈圆丘状。墓高10米，南北长25米，东西宽38米。东北两面陡峭，西南坡势稍缓。现为省重点文保单位。

〔春秋楚〕孙叔敖墓

孙叔敖(生卒年不详)，蔿氏，名敖，字孙叔，一字艾猎。春秋时楚国大臣。官令尹。持政以公，不讲私情。邲(河南荥阳东北)之战，辅助楚庄王指挥军队大胜晋军，楚庄王的霸权由此建立起来。曾在期思、雩娄(今河南商城东)兴修水利工程。又相传开凿芍陂(今安徽寿县安丰塘)，蓄水灌田。死后葬于楚。

孙叔敖墓(2001 年 3 月)

孙叔敖墓位于湖北省荆州市中山公园东北隅。墓呈圆丘形，绕墓有石砌矮垣一圈。东向。高2米，周长约30米。墓前建有叔敖亭，内立“楚令尹孙叔敖之墓”碑一通。墓地绿树映衬，碧水旁涌，颇为清幽雅静。

春秋阁，位于沙市中山公园内(2001 年 3 月)

〔春秋吴〕伍子胥墓

伍子胥塑像

伍子胥(?—前484)，春秋末期吴国大夫，军事谋略家。名员，字子胥。本为楚国人，是楚大夫伍奢次子。父伍奢、兄伍尚同被楚平王杀害。公元前522年，他经历宋、郑等国入吴，助阖闾刺杀吴王僚，夺取王位，整军经武，国势日盛。公元前512年，吴王阖闾准备进攻楚国，他提出先以三师轮番扰楚、疲楚，然后集三军进攻的计策。吴王纳之，派兵到楚国以游击作战方式轮番骚扰达六年之久，使楚军疲惫不堪。公元前506年11月19日，吴、楚两军在柏举(湖北麻城东北，一说汉川北)对阵，吴军以孙武为主将，他与伯嚭为副，连续五战，大败楚军，于29日占领楚都郢(湖北江陵西北)，楚昭王逃往随(湖北随县)。他以功封于申，故又称申胥。吴王夫差执政时，越王勾践请和，他劝吴王拒之并停止伐齐，太宰伯嚭从中进谗，渐被王疏远。后吴王赐剑命他自杀，他对人说：“挖吾眼，悬吴东门之上，以观越寇之入灭吴也。”夫差闻之大怒，将他尸体盛于皮革囊中，沉到江里。

伍子胥墓位于江苏省吴县胥口镇西伍相国祠内。原墓冢以麻石砌筑，高约1.5米，墓前有“吴相国伍公之墓”碑一通。还有吴相国伍公鸱夷藏处碑和重建祠记碑各一通。近年，因搞建筑，将祠、碑和墓冢毁掉。一道围墙从墓上通过，墙外一半平后建成柏油路，墙内尚残存部分封土。现墓高约0.5米，周长约10米，墓上杂草丛生，一片荒凉景象。

伍子胥墓(2003年11月)

〔春秋越〕范蠡墓

范蠡(生卒年不详)，春秋末期军事谋略家，越国大夫。字少伯。楚国宛(今河南南阳)人。当楚国联越制吴、越国兴起于吴国后方之时，入越任大夫，与大夫文种为越王勾践重臣。他苦身戮力，与勾践深谋20余年。范蠡善观大局，认为对敌应据国势强弱而决策，强则戒骄逸，处安有备，弱则暗图强，待机而动。用兵善乘虚蹈隙，出奇制胜。越败于吴时，曾赴吴为人质两年。回越后助越王勾践刻苦图强，灭亡吴国，称上将军。他识勾践为人“可与共患难，难与同安乐”，己已有名，不宜久居，遂偕西施去齐国，改名为鸱夷子皮，被任为相。后又至陶(山东定陶西北)，改为陶朱公，以经商致富，三致千金，散而复聚。寿终。

范蠡墓位于安徽省涡阳县西阳镇范蠡村(后改庄楼村)。《安徽通志》、《蒙城县志》对范蠡墓都有记载，清时曾奉旨防护，1981年载入《中国名胜词典》。原来有碑、祠，祠内有西施像，现已不存。当地人说这是范蠡与西施的合葬墓。封土呈长方形，南北长120米，东西宽80米，高15米。周围有湖水环护。为县级文保单位。

范蠡墓(2000 年 9 月)

〔战国卫〕王禅(鬼谷子)墓

王禅(生卒年不详)，又名王诩，道号鬼谷，世称鬼谷子，战国时卫国(河南省淇县)人，一说楚国人。长于持身养性和纵横术。

鬼谷子骑青牛塑像(2000 年 9 月)

鬼谷子天赋聪慧，游学天下，系统掌握了数学、兵学、游学和出世学等学问。晚年归隐淇县云梦山，在此教徒授艺，门生达500之众。传说孙膑、庞涓、苏秦、张仪、毛遂、尉缭、茅濛、徐福等名家皆出其门下。著有《鬼谷子》十四篇传世。所阐扬的飞钳之术，内把建之道，钓言之谋等思想智谋，被后人广泛运用于内政、外交、军事乃至经贸公关等各个领域。鬼谷子深受世人尊崇，被奉为王禅老祖，享誉海内外。

鬼谷子墓碑

王禅墓，俗称王禅谷堆，位于王禅故里河南省淇县南北阳乡王庄村，西靠京广铁路，东邻京深高速公路。原来墓高10米，周长约100米，呈圆丘状。墓后泉水成溪，周围杨柳参天。由于年久失修，取土严重，现墓高约0.6米，周长约15米。墓前立有“王禅之墓”石碑一通。此墓未经考古发掘，当地居民祖祖辈辈传说是王禅墓。是王禅真墓还是纪念性墓冢，有待于将来考古证实。

鬼谷子祠石坊(2000 年 9 月)

〔战国齐〕孙膑墓

孙膑(生卒年不详)，战国中期军事家。真名失传，齐国阿(山东阳谷东北)人，孙武后裔。传说与庞涓同时从鬼谷子学习兵法。后庞涓任魏将，忌其才能，诳他到魏，横加罪名处以膑刑(去膝盖骨)，故称孙膑。后经齐使者淳于髡秘密载回，经将军田忌荐举，被齐威王重用为军师。公元前353年，他同田忌受命领兵8万救赵，他建议“攻其必救”，“避实捣虚”，即乘魏军主力在赵，魏都空虚之际，进攻大梁(河南开封)，迫使魏将庞涓回兵救援，选择有利地形以逸待劳，加以突袭。庞涓果然率主力急忙从邯郸回国。到达桂陵(河南长垣西北)，遭齐军袭击而大败。此即史书中充分肯定的由孙膑创造的“围魏救赵”战法。公元前341年，齐威王为救韩，又派田忌为将，他为军师，率军进攻大梁(河南开封)。庞涓急忙从韩率军回魏。魏王以太子申与庞涓合兵10万迎击齐军。齐军按孙膑意见佯败撤退，“减灶”示弱，诱使庞涓率精锐兼程追击。齐军在马陵(山东郯城东北)夹道设伏，对追兵万弩齐发，太子申战

孙膑墓(2000 年 9 月)

死，庞涓自杀，魏军全部被歼。上述两战，对齐、魏争雄具有决定意义。《孙膑兵法》继承了孙武的军事思想，总结战国中期以前的战争经验，具有鲜明的时代特色，给后世留下了宝贵的军事理论遗产。

孙膑墓位于河南省淇县云梦山鬼谷中段南山坡上。相传孙膑在马陵道战败庞涓之后，便急流勇退，重返云梦山相伴恩师王禅老祖，终生求教，生死相随。在云梦山隐居期间，孙膑在一个幽谷清溪之畔的青石板上凿一石棺。石棺为长方形，长2.4米，宽0.9米，南端深0.6米，北端深0.5米，棺口平整。孙膑去世后即葬于此。石棺在半山腰，由于长年遭受洪水的冲刷，现棺盖已不知去向，棺内的骨殖及随葬品被冲罄尽。如今虽只有空空的石棺，但前来拜谒的人们却络绎不绝。

孙膑石棺

战国战车

〔战国魏〕庞涓墓

庞涓墓(2001 年 2 月)

庞涓(?—前341)，战国时魏国大将。传说曾与孙膑同学兵法于鬼谷子。任魏将时，忌孙膑才能，诳孙到魏，进谗魏王，处以膑刑(去膝盖骨)，为兵家所不齿。公元前341年，他和太子申率兵10万迎击攻魏都城的齐军，在马陵(山东郯城东北)中齐军埋伏，全军被歼，太子申战死，他自杀。

庞涓墓位于山东省郯城县东北25公里的清泉乡集子村，在马陵山之巅。据说庞涓死后，孙膑叹了一口气，很是惋惜。但他念及同窗之谊，为庞涓立一墓碑。今墓碑不存，墓冢尚在。墓呈圆丘形，残高约0.5米，周长约8米。墓前立“庞涓墓”碑一通。墓北土中有倒伏的墓碑和碑座，碑文不清，不知何年何人所立。

庞涓死于马陵道，马陵道在何处?史书注解不一，有的说在河北大名，有的说在河南范县，还有说在山东莘县。总之，没离开冀、鲁、豫的边区。在河南通许县城关乡三里岗村，也有一座庞涓墓，高约5米。有的书籍载，马陵道就在三里岗附近。山东临沂的《沂州志》载：“马陵山在州东90里，与郯城接，状如奔马，直抵宿迁……魏伐齐，孙子胜庞涓于此。”至今，孙庞大战遗址，散逸的铜矛、铜戈、铜剑和铜箭头等各类兵器时有所见，经专家鉴定，皆为春秋战国时期的兵器，成为考证古马陵道的佐证。前些年，史学界研究马陵之战的国际学术会议，对马陵之战遗址在马陵山已取得了共识。

箭眼石

〔战国〕乐毅墓

乐毅(生卒年不详)，战国时燕国名将。中山国灵寿（今河北灵寿西）人。魏国名将乐羊后裔，贤而善兵。初仕于赵。公元前295年，赵国发生沙丘之乱，他又去了魏国。后听说燕昭王招贤纳士。便由魏入燕，受到燕礼遇，被昭王任为亚卿，后拜上将军。公元前284年，燕、秦、韩、赵、魏五国组成联军，以燕军为主力，他为统帅进攻齐国。齐湣王派触子为主将，达子为副将，率军抵抗。两军在济西（济水之西、山东聊城以南地区）交战，齐军溃败。触子只身乘车逃亡，联军乘胜进击，歼灭齐军主力。达子收集残兵，退保国都临淄（今山东淄博东北）。乐毅命远道参战的秦、韩两军回国，以魏军向原宋地推进，赵军进攻河涧（河北献县东），自率燕军进攻齐都临淄。燕军击败齐军，杀齐将达子，占领临淄。齐湣王逃莒（山东莒县），后被以救齐为名的楚将淖齿所杀。乐毅分兵五路扫荡齐国全境，以左军向胶东东莱（山东掖县）进攻；前军沿泰山向东进到海边；右军进至阿、鄄（山东西北部）与魏军连接；后军进至北海（山东昌乐东南）、千乘（山东高青东）；自率中军镇守临淄。燕军势如破竹，仅用6个月，攻占齐国70余城。乐毅因功封于昌国（山东淄博东南），号昌国君。随后又集中兵力围攻仅存的莒和即墨（今山东平度东南）二城，长期相持未下。

位于北京市房山区的乐毅墓(2003 年 8 月)

此战，乐毅以多结与国的方略和连续进攻的作战思想为指导而取胜，齐国则过早集中主力与强大联军决战，几致国亡，为后世用兵留下了宝贵经验教训。燕昭王死后，其子燕惠王即位，惠王素与乐毅不和，又中齐将田单反间计，改用骑劫为将。乐毅出奔赵国，封于观津（今河北武邑东南），号望诸君。后骑劫为齐所败，齐复国。惠王后悔使骑劫代乐毅，派人召之，不肯就，终老于赵。葬于邯郸。

乐毅墓位于河北省邯郸县代召乡大乐堡村东北。墓为圆丘形，环周筑墙一圈，墓高约2.5米，周长约30米。墓前有砖砌碑楼，内嵌“战国望诸君乐毅之墓”碑一通。在明朝以前，大乐堡村尚有乐毅的磨剑池、磨剑石和舞剑房等旧址，今已不存。

在北京市还有一座乐毅墓，位于房山区良乡镇高庄村东北300米处。占地面积约2500平方米。墓为圆丘形，高约10米，周长约240米。墓区有望柱和倒伏的残碑。墓前有民国时期立石碑一通，碑高3米，宽1米，厚0.3米。上书“望诸君墓”四字。

位于河北省邯郸市的乐毅墓(2001 年 10 月)

〔战国齐〕田单墓

田单(生卒年不详)，战国时齐国名将。临淄(山东淄博)人。初为临淄市掾小吏。燕将乐毅破齐时，他坚守即墨(山东平度东南)。公元前279年，他施反间计，使燕惠王免去乐毅，改用骑劫为将。他见围即墨燕军松懈，乃派使者向燕洽降，随即挑选勇士五千人，驱赶一千多头“火牛”(角缚尖刀，身披五彩龙纹外衣，尾缚浸油芦苇，点火使之狂奔)乘夜冲进燕军营垒，大破燕军，骑劫被杀。他出奇制胜后，反攻收复了失陷的70余城。被齐襄王任为相国，封安平君。公元前264年，入赵被任为相国，封平都君。

田单墓位于山东省淄博市临淄区皇城乡皇城营村东南700米。墓呈正方形，高7米，南北长26米，东西宽25米。墓前有1918年立：“齐相国田单之墓”碑，碑身断为两截，现已无存。民国时期，曾有人于墓东掘井得铜器甚多。1972年，当地农民在墓东侧平整土地时，距地表1.5米深处，发现石椁，遂复盖，待考。现为省级重点文物保护单位。

田单墓的文保碑(1999年10月)

[战国]赵奢墓

紫山，赵奢墓修建于此（2001年10月）

赵奢，（生卒年不详）。战国末期赵国名将。初任赵国田部吏，主收田赋，恪守职责。平原君赵胜家管事者仗势不交租税，他按照法律规定连杀管事者九人，平原君因其奉公执法而举荐给赵惠文王，被任主管赵国赋税，卓有成效。后为将，悉心治军，对下严而和，凡有赏赐必分部属。熟谙兵法，尤重灵活运用，常诫其子赵括不可满足于纸上谈兵。公元前269年，秦、韩联军攻赵国阏与城（山西和顺西）。赵王召诸将问是否救援，廉颇、乐乘皆以道远险狭而言难救。赵奢认为，“其道远险狭，譬之犹两鼠斗于穴中，将勇者胜。”赵王点头赞同。于是他受命率军救援，距邯郸30里时，佯示怯战，驻屯28天。秦军分兵围攻武安（河北武安西南），他也不救援。秦军以为阏与必下。时魏公子咎率军驻安邑（山西夏县西北），威胁秦军侧背，对赵军反击极为有利。赵奢乘秦军无备，以一日一夜急行军，进到距阏与50里处筑好营垒。秦军发觉后全力进击。赵奢先派万人抢占北山制高点，阻击秦军。秦军攻山受挫，他乘势出击，大败秦军，遂解阏与之围。赵奢以出奇制胜闻名，与廉颇、蔺相如同位，功封马服君。赵奢死后，葬于紫山。

赵奢墓位于河北省邯郸市西北30公里的三陵乡陈窑村的紫山，故紫山又称马服山。墓葬具体位置不详，文物和考古部门正在考察寻找。

［战国赵］赵胜墓

赵胜（?—前251），赵国贵族，即平原君，战国时期著名的四公子之一。赵惠文王之弟，封于东武（今山东武城西北），号平原君。礼贤下士，门下养客数千人。赵惠文王及赵孝成王时，曾三次去、复相职。公元前259年，秦军围赵都城邯郸，城内民困兵尽，他组织力量坚守都城达三年之久。公元前257年，在食客毛遂的帮助下，说服楚王与赵合纵抗秦。返赵后，组织3000人的敢死队，由邯郸人李同率领，出击秦军，迫使秦军后退30里。楚、魏援军赶来后，再次发起进攻，将秦军击退。公元前251年卒。

赵胜墓（2000年9月）

赵胜墓位于河北省肥乡县东南5公里的元固乡屯庄村。墓呈圆丘形，周围砌筑六角形花墙。高约2米，周长约12米。墓前73米处立“赵平原君墓”石碑一通。墓旁有石龟趺。赵胜墓为省级文保单位。

赵胜墓碑（2000年9月）

〔战国魏〕魏无忌墓

魏无忌(?—前243)，战国末期魏国名将。魏安釐厘王同父异母弟，有食客3000人。战国四公子之一。曾任相国，封于信陵(河南宁陵)，号信陵君。至公元前257年，赵已被秦攻三年未破，魏王派晋鄙率军10万救赵，秦王派人恫吓魏王，诸侯敢救赵者，胜赵后必先攻之。魏王惧，命晋鄙将大军停于汤阴(河南汤阴)观望形势。无忌救赵决心已定，他用侯生计，盗取魏王虎符，夺晋鄙兵权，选8万精兵进攻秦军，此时，楚春申君黄歇也率军救赵到达新中(河南安阳)，赵、魏两军夹击，秦军大败，主将郑安平率秦军两万余人降赵，余军退回。战后，他不敢返魏，令将率军归国，自己率私属留赵，依姐夫平原君赵胜。公元前247年，在秦将蒙骜相继攻占魏高都(山西晋城)、汲(河南汲县西)和赵国一些城池后，魏安釐厘王召他回国。他归国后发起合纵组成魏、赵、韩、楚、燕五国联军，在无忌率领下攻秦，与秦军大战于河外(今山西西南部、黄河以西以北地区)，秦军寡不敌众，战败退走，五国联军追至函谷关(今河南灵宝北)而还。夺回失地，声名大振。后来，秦国使反间计，诬他谋反，魏王果使人代将，他悒郁而死。有《魏公子兵法》，今佚。

信陵君墓位于河南省开封市郊区汪屯乡金钟李村西侧。信陵君去世后，魏王为他修了一座很大的坟墓。这位“盗符救赵”的英雄豪杰，一直受到人们的爱戴和敬重。汉高祖刘邦即位后，曾专门指派五户人家为信陵君守墓，世代免除赋税。每到清明时节，大梁(今开封)的百姓都要到信陵君墓前凭吊，怀念家乡这位传奇英雄。但由于两千多年的战乱和风雨剥蚀，现今坟墓残高约3米，周长约50米。已是土丘寂寂，荒草萋萋了。

荒草丛生的魏无忌墓(2000年9月)

〔战国楚〕黄歇墓

位于河南省潢川县的黄歇墓(2001 年 3 月)

黄歇(?—前238)，楚国贵族，即春申君，战国时期的著名四公子之一。博学多闻，事楚顷襄王，任左徒。其时，为使秦军暂不南下攻楚，他曾与楚太子完做人质居秦数年。顷襄王病笃，他设计与太子完逃回楚国。顷襄王死后，太子完继位，为考烈王。公元前262年，他被任为相(令尹)，封春申君，赐淮北12县，后改封于吴(今江苏苏州)，门下有食客3000人。公元前257年，秦军围赵都邯郸，他率军救赵，解邯郸之围。三年后，又率军北伐灭鲁，以荀卿为兰陵令，使楚国势复振。考烈王死后，他在楚内讧中为舍人刺杀。

黄歇墓位于黄姓发源地——河南省潢川县隆古乡“黄国故城”内。该墓原在县政府后院，面积400平方米，呈椭圆形，高1米。墓前有清代立“楚春申君墓”碑一通。现迁到黄歇生前都城黄国故城内。墓为圆丘形，绕墓有圆形石墙一圈。高约2米，直径约4米。墓前除立迁来的清代碑外，又立有高大的“春申君黄歇之墓”碑一通。为县级文保单位。

位于安徽省寿县的黄歇墓(2002 年 12 月)

〔战国秦〕白起墓

白起墓(2001 年 3 月)

白起 (?—前 257)，战国时期秦国军事家。眉(陕西眉县)人。传为春秋时秦将白乙丙的后裔。也叫公孙起。秦昭王时，初为左庶长，后官至大良造。善用兵，屡战获胜，以集中兵力、各个击破战法，攻取韩、魏、赵、楚70余城。公元前279年，白起率军攻鄢(湖北宜城东南，楚国别都，时人常以鄢郢连称)，楚军坚决抵抗。他在鄢西筑坝，引水灌鄢，楚军民溺死者数十万人。次年，他率军攻下楚都郢(湖北江陵)，烧夷陵楚先王墓(湖北宜昌东南)，占领沿洞庭湖的江南地区，置为南郡。他功封武安君。公元前260年长平(山西高平西北)之战中，他取代王龁乞为秦将，采取诱敌出击而围歼的方略，大破赵括军，坑杀俘虏40万人。战后，白起主张乘胜攻赵，但因秦相范雎妒其大功，未允。公元前257年秦先后派王陵、郑安平为将，攻赵都邯郸(属河北)，战争屡败。秦昭王又命白起率军攻赵，白起认为战机已失，攻赵必败，遂称病不起。因此被贬为士伍，后被逼自杀。白起戎马一生，勇谋兼备，长于野战进攻，料敌用兵，战必求歼，为秦国统一大业立下卓著功勋。后世多称赞其巧妙用兵，而讥评其杀戮无度。

白起墓位于陕西省咸阳市渭城乡三姓庄村。封土为圆丘形，夯筑。残高5米，底径约16米。墓前立省重点文物保护碑一块，上刻“白起墓”三字。

〔战国赵〕廉颇墓

廉颇(生卒年不详)，战国后期赵国名将。公元前283年，廉颇率军攻齐获胜，封为上卿。曾居功骄傲，对出身低微、资历甚浅的蔺相如位居己上不服，多次表现不礼行动。后知蔺相如顾全大局，确有相才，遂负荆请罪，结成生死之交，协力抗秦，传为美谈。后人以此事编写成戏剧《将相和》，成为千古佳话。廉颇为将刚勇，用兵持重，多次率军击败齐、魏等国。公元前260年，秦、赵长平之战，廉颇初为赵军主将，深知秦军虽势盛，但远离国土，不能久战，乃固垒坚守，疲惫秦军，使其劳师无功。后赵孝成王中秦离间计，改以赵括为主将，改变廉颇战法，致遭惨败。公元前251年，廉颇率军击败攻赵的燕军，任相国，受封信平君。赵悼襄王时，不得志，出奔魏都大梁(河南开封西北)。后赵国屡遭秦军攻败，拟再任廉颇为将抗秦。廉颇亦急欲归国效力。赵王派使者探视廉颇，使者受其政敌的贿赂，还报赵王说："廉将军虽老，尚善饭，然与臣坐，顷之三遗矢矣。"赵王以为他已衰老，不再起用，廉颇亦未遂报国之愿。后居楚，忧虑而亡。

廉颇庙(2001 年 10 月)

廉颇墓位于安徽省寿县城北八公乡郝圩村的放牛山西南坡上。封土高约25米，周长300米。墓前立"赵大将军廉颇之墓"石碑一通。该墓西临淮河，东、南、北三面环山，古木森森，气势雄伟。明代王永颐《八公山赋》曰："风云怪其动色，抚廉颇之茔兆兮。"《寿州志·金石》记载："四顶山樵人于丛灌榛莽间得一砖，上有'癸亥信平君之墓'，此为廉颇将军墓砖。"廉颇墓为省级文保单位。

廉颇墓(2001 年 2 月)

〔战国巴〕巴曼子墓

巴曼子(生卒年不详)，战国时巴国(今四川东部及湖北西南部，都于重庆市西北)将军。相传巴国发生内乱，他向楚国求救，许酬以三城，楚遂派兵救巴。巴内乱平后，楚遣使请城。他回答说："藉楚之灵，克济祸乱，诚许三城。可持吾头往谢之，城不可得也。"乃自刎身亡，使者持其头回，楚王叹曰："使吾得臣若巴曼子，用城何为?"乃以上卿礼葬其头。巴人也以上卿之礼葬其身。

巴曼子墓(俗称将军坟)位于重庆市中区七星岗莲花池侧公路下。墓南向，顶为圆堡形，墓垣为六边形石墙包砌。墓高2.6米，长4.78米，宽5.2米。前檐下树碑，碑文阴刻隶书"东周巴将曼子墓"。墓上砌石券拱，墓外加修了铁栏栅。其头墓位于湖北省恩施市西北100公里都亭山。墓高6米，底径17米。墓地崇岗深麓，林木起伏，环境幽丽。

巴蔓子墓(2001 年 3 月)

〔秦〕王翦墓

王翦墓(1996年12月)

王翦(生卒年不详)，战国末年秦国名将。频阳(陕西富平东北)人。他善于分析敌情，及时捕捉战机，为秦兼并六国作出了贡献。公元前236年，赵伐燕，他受命率兵乘机伐赵，迅速占领赵国九城。公元前229年，他再次率兵攻赵，遇智勇双全的李牧以及司马尚率兵抵御，进攻不奏效。他便派人用黄金财宝贿赂赵王宠臣郭开，散布李牧、司马尚要造反的流言，使赵王改派赵葱和齐将颜聚以代。李牧在沙场不受君令，被郭开派人暗杀。翦乘赵内讧，发起猛攻，杀赵葱，逼走颜聚，并于次年攻占赵都邯郸，俘赵王迁，赵亡。他乘胜渡易水攻燕，克燕都蓟城(北京市)，迫燕王喜和太子丹退走辽东(辽宁辽阳市西北)，燕亡。在李信攻楚败于项燕后，公元前224年，他以强军攻下楚国陈(河南淮阳)以南至平舆(河南平舆西北)一带。楚则集中国内所有兵力抗之。他避敌锐气，坚壁自守。待楚士气松懈，向东撤退时，他率数十万大军奋勇前冲，杀项燕，并于次年俘楚王负刍，楚亡。他被封为武城侯。

王翦墓位于陕西省富平县到贤乡永和村北。墓冢南北较长，东西稍窄，顶部平坦。现高约7米，周长136米。清嘉庆十一年(1806)，在墓前立石碑一通，“文革”中被毁。墓西约百余米，南北排列6冢，传为藏六国图书。一说为用以表彰王翦统一中国的卓著战功而特建的象征性标志，待考。现为省级文保单位。

〔秦〕王贲墓

王贲(生卒年不详)，王翦子。秦将领。公元前225年，当秦命李信率军攻楚时，他受命率军攻魏，围魏都大梁(河南开封)。他决黄河和大沟之水灌大梁。大梁城破，魏王假出降，魏亡。秦在魏东部地区设置砀郡。之后，灭燕、灭代。公元前221年，他复受命攻击六国中幸存的齐国。当大军突入齐境，齐军土崩瓦解，他迅即攻占齐都临淄，俘齐王建，齐亡。秦在原齐地建立齐郡和琅玡郡。至此，秦尽并天下，统一了中国。功封通武侯。约卒于始皇年间。

王贲墓位于陕西省富平县美原镇南千口村，即秦始皇赏赐王翦父子的“美田千顷”的中心地带。封土略呈覆斗形。高约7米，底周长118米，封土顶部南北长13米，东西宽4米。“文革”中被破坏，现封土呈马鞍形。

呈马鞍形的王贲墓(2001 年 3 月)

〔秦〕蒙恬墓

蒙恬(?—前210)，秦朝名将。秦将蒙骜之孙、蒙武之子。祖籍齐国。曾任秦内史。公元前215年，秦始皇派他率30万大军北击匈奴，一举攻占河南地(内蒙、河套地区)，次年渡黄河北占阳山(内蒙古乌加河以北的狼山)等地后，置34县，建九原郡(内蒙古自治区，包头市西北孟家湾)，连结秦、燕、赵三国原筑的长城并加以增修，西起临洮东至辽东，称万里长城，以防匈奴。公元前210年，秦始皇死，受中车府令赵高谮毁，被秦二世遣人拘系，愤而吞药自杀。

蒙恬墓(1996 年 5 月)

蒙恬墓位于陕西省绥德县第一中学院内。据传，蒙恬自杀后，30万将士痛哀将军之冤，含泪用战袍、头盔掬土为他筑成此墓。现存墓封土为圆丘形，高约20米，底径约50米。墓前有清道光二十八年(1848)绥德知州张之林立“秦将军蒙恬墓”碑一通，碑高1.42米，惜断为两块。现为省文保单位。

清道光二十八年(1848)所立墓碑

〔秦〕陈胜墓

陈胜墓正门(1996 年 11 月)

陈胜(?—前208)，秦末农民起义军领袖。字涉。阳城(河南登封东南)人。秦末赋役繁重，刑政苛暴。公元前209年，他同故乡一带的九百贫民，被征屯戍渔阳(北京密云西南)，途径大泽乡(安徽宿县南)遇雨不能如期到达。按秦律当斩。他与吴广二屯长领导戍卒起义，杀死将尉，首先攻占蕲县(安徽宿县南)，然后分兵两路：一路由葛婴率领向东发展，他率领另一路向西进击，迅速攻占铚(安徽宿县西南)、酂(河南永城西)、谯(安徽亳州)、苦(河南鹿邑东)、柘(河南柘城北)等五城。半月内横扫百里，进至陈县(河南淮阳)。已有战车六七百乘，骑兵千余名，步兵数万人。他称王，国号“张楚”，建立了中国历史上第一个农民政权，他以陈为根据地，兵分三路，攻向咸阳，中路由周文率领直取咸阳。陈胜误以为天下坐定，杀了农民旧友、独当一面的大将葛婴，重用旧官僚张耳、陈余等，有失军心民心。周文攻破函谷关，深入至距咸阳仅百里的戏(陕西临潼境内)地。章邯率领武装的30万刑徒迎击，起义军将领武臣叛变不入关，周文孤军败退。吴广被部将田臧杀害，田臧兵败身死。陈胜撤退下城父(安徽亳州东南)，被叛徒庄贾杀害。起义遂告失败。

陈胜、吴广起义军兴起迅速，组织松散，缺乏作战经验，尤其是过早集中主

大泽乡遗址

力与秦军决战，以致被秦军各个击破。但这次农民起义战争沉重地打击了秦王朝的残暴统治，为尔后项羽、刘邦灭秦创造了条件。

陈胜墓位于河南省永城县芒山镇芒砀山西南麓。据《史记》载：陈胜死后葬砀，谥曰隐王，汉高祖曾为其置三十户守墓。由于年久失修，墓冢严重毁坏。1975年，国家对陈胜墓进行修复。墓为石券冢。直径15米，高5米。墓前立郭沫若手书“秦末农民起义领袖陈胜之墓”石碑一通。墓区宽敞，松柏常青。现为省级文保单位。

陈胜墓(1996 年 11 月)

〔秦〕项羽墓

项羽(前232—前202)，秦末名将、楚军统帅。名籍，字羽。下相(江苏宿迁西)人。楚国名将项燕之孙。公元前209年，陈胜、吴广起兵，他从叔父项梁在吴(江苏苏州)起兵。项梁战死，秦章邯击赵，围攻巨鹿(河北平乡西南)。义军派宋义、项羽往救。宋义逗留安阳(山东曹县东)不进，项羽乃杀之，率军救赵。其时，赵陈余、齐田儋、燕韩广及代张敖等军，均营于巨鹿北，不敢与秦军交战。项羽渡过漳水，破釜沉舟，带三日粮食，与秦军激战，九战九捷，俘王离，杀苏角，迫使章邯在洹水南的殷墟投降。巨鹿之战消灭秦军主力，加速秦朝灭亡。秦王子婴被入关的刘邦军逼降后，项羽自立为西楚霸王，分封十八王，封刘邦为汉王。公元前205年，刘邦乘楚攻齐之际，由洛阳率诸侯兵56万，东向攻占楚都彭城。项羽率精兵3万南下，乘刘邦在彭城收取财宝美人、饮酒高会、疏于防范之际，由西向东攻击汉军侧背，大破汉军，歼其20余万人，刘邦仅率数十骑突围奔下邑(安徽砀山)，收集残部退守荥阳。在公元前203年的楚、汉成皋之战中，项羽自知少助少粮，乃与汉议和，以鸿沟为界，引军

项羽墓墓道(2000 年 4 月)

霸王(项羽)墓(2000 年 4 月)

项羽

东退。公元前202年，韩信、彭越、英布、周殷等军与刘邦会师，包围项羽于垓下(安徽泗县西南)。项羽夜闻四面楚歌，疑汉军已得楚地，乃率八百余骑乘夜突围南走，被灌婴五千骑兵追到东城(安徽定远东南)，仅剩28骑突围，至乌江(安徽和县东北)自刎。

项羽墓位于安徽省和县乌江镇凤凰山的霸王祠内。霸王祠，又名霸王庙、项羽亭。主要建筑有石坊、汉阙、享殿、墓冢、钟亭、碑廊、抛首石、乌江亭和陈列室等。项羽墓在享殿后面。用条石铺成的神道两侧有狮、马、翁仲等石刻四对。神道左侧有一墓道，经由墓道直达墓冢。墓呈圆囤形，高约2米，周长约15米，周围有护栏。墓前立“西楚霸王衣冠冢”石碑一通。据说，刘邦曾有令，凡得项羽首级者，赏金封侯。因此，项羽自刎后，尸体被汉军肢解回去邀功。后人只有修成衣冠冢，以奉祀这位有褒有贬的历史人物。墓区草木葱茏，典雅肃穆。为省级重点文保单位。

项羽墓道中的汉棺

霸王享殿(2000 年 4 月)

〔汉〕纪信墓

纪信墓(2001 年 4 月)

纪信(?—前204)，秦汉间人，籍贯河南郏县。为刘邦部将。汉王三年(前204)，项羽围攻刘邦所在的荥阳(今郑州西南)，刘邦请和，愿以荥阳为界中分天下。但项羽急攻不舍，刘邦手足无措。纪信建议由自己出面蒙骗项羽，让刘邦乘机出逃。当夜陈平遣女子二千余人出东门，楚军四面围击，而纪信装扮成刘邦，乘有黄盖左纛的王车，声称因粮食殆尽，自愿降楚。楚军皆呼万岁，聚于城东围观，刘邦借机率数十骑由西门逃遁。项羽见到纪信，方知受骗，急问："汉王安在?"纪信说："已出去矣。"项羽遂将纪信烧死。

纪信墓碑林(2001 年 4 月)

纪信墓位于河南省郑州市古荥乡纪公庙村。墓高11米，周长125米，墓旁有祭祀碑碣数通。1977年该墓发掘，为大型空心砖墓，出土随葬品300余件。墓前建有纪公庙，内塑纪信坐像。

〔汉〕郦食其墓

郦食其 (lì yì jī ?—前203)，汉初策士。陈留高阳乡(河南杞县)人。家贫，好学，曾为里监门吏，人谓之“狂生”。秦末农民战争时食其去见刘邦，刘邦方踞床，使二女子洗足。食其长揖不拜，说：“足下必欲诛无道秦，不宜踞见长者。”于是刘邦辍洗，延之上座。食其献计克陈留，封广野君。公元前204年，他说服齐王田广归汉，不战而得齐地70余城。后韩信袭齐，齐王误为被他出卖，把他烹死。高祖刘邦封其子为高梁侯。

郦食其墓位于河南省杞县高阳乡高阳村西南100米许。公元前195年始建，与其弟郦商墓东西相并，食其墓在东侧。二墓占地约3万平方米。墓冢呈圆丘形，高约9米，周长约120米。墓后有庙，内供郦食其、郦商兄弟及食其子女的塑像。

郦食其兄弟墓，是有确凿纪年的汉墓，已有2100多年，是研究秦汉文化的宝贵资料(参看郦商墓)。

郦食其墓(2000 年 9 月)

〔汉〕郦商墓

郦商庙，内供其和子女的塑像(2000年9月)

郦商(生卒年不详)，郦食其弟，河南杞县人。汉初右丞相，封曲周侯。

刘邦在陈留时，郦商带领4000人投奔刘邦。他身先士卒，勇冠三军。跟从刘邦攻长社，攻侯氏，破秦军，定汉中，被封为信成君，陇西都尉。从击臧荼，战龙脱先登，破荼军易下，迁右丞相，赐爵列侯，剖符世袭，食邑涿5000户，号曰涿侯。后来，以右丞相职，随从刘邦击陈豨、黥布，攻其前，遂破两军，更食曲周5100户，封曲周侯。卒后谥“景”。

郦商墓位于河南省杞县高阳乡西南隅。墓呈圆丘状，高约7米，周长约100米。汉文帝元年(前179)始建，与其兄郦食其墓东西相并，郦商墓在西侧。公元163年，于墓后建祠立碑，四周有围墙，内植松柏。现祠、碑已毁。“文革”中，封土被挖去三分之一。现在，杞县已划定墓区保护范围为，长250米，宽120米。妥善地保护了墓区。

郦商墓

［汉］萧何墓

萧何(?—前193)，秦末汉初谋略家。沛县丰邑(今江苏沛县东)人。曾为沛县吏。公元前209年，他与曹参、樊哙等一起，协助刘邦在沛县起兵以响应陈胜、吴广的起义。起义军进入咸阳，他收集秦王朝的律令、图书，掌握了全国的山川险要、郡县户口和当时的社会情况。楚汉战争中，他推荐韩信为将军，自己以丞相身份留守关中，及时输送士卒粮饷，支援前线作战，对刘邦战胜项羽，建立汉王朝作出了重要贡献。封为酂侯，食邑八千户，位列功臣之首。他制定律令制度，协助刘邦消灭异姓诸侯王，对巩固中央集权起过重要作用。后为刘邦猜忌，诬指他收受商人贿赂，将其拘捕，经一个姓王的卫尉劝解被赦免。刘邦死后，继以相国身份辅佐惠帝刘盈，死后谥为文终侯。作有《九章律》，已佚。

萧何墓位于陕西省咸阳市渭城区韩家湾乡徐家寨村。封土为覆斗形，高16米，底边长49米，原墓前立的清代碑，毁于“文革”时期。

萧何墓(2001 年 3 月)

〔汉〕曹参墓

曹参(?—前190)，秦末汉初名将。沛县(今属江苏)人。曾为沛县狱吏。秦末从刘邦起义反秦，南北征讨，“身披七十创”，屡立战功。汉王朝建立后，于公元前201年封平阳侯，曾任齐相九年，采纳黄老术，清静无为，与民休息。使齐国政治安定，大受百姓称赞。他协助高祖刘邦平定了陈豨、英布等地方割据势力的叛乱。公元前193年，萧何病卒，曹参代为丞相，“举事无所变更，一遵萧何约束”，有“萧规曹随”之誉。他提倡的道家无为之说，成为汉初统治者的指导思想。其后出现的“文景之治”，与此不无关系。曹参卒于惠帝五年。

曹参墓位于陕西省咸阳市渭城区韩家湾乡徐家寨村。墓呈圆丘形，高13米，底径41米。原墓前立清代陕西巡抚毕沅书墓碑一通，毁于“文革”时期。现该墓为区级文保单位。

曹参墓(2001年3月)

〔汉〕樊哙墓

樊哙像

樊哙(?—前189)，秦末汉初名将。沛县(今属江苏)人。少以屠狗为业，秦末随刘邦起义，为其部将，以军功封贤成君。灭秦后，与张良一起劝刘邦勿贪图享受，封闭宫室府库。后在项羽设的鸿门宴上，直入营门，斥责项羽，使刘邦得以出逃，免于被害。随刘邦入汉中，被封为临武侯。汉王朝建立后，先后参加了平定臧荼、陈豨和韩信叛乱的战争，任左丞相，赐爵舞阳侯。他作战勇猛，战功卓著，后与吕后为姻亲，死后谥武侯。

位于河南省舞阳县马村乡的樊哙墓(2001 年 3 月)

樊哙墓位于其封地河南省舞阳县马村乡郭庄村。面积约1750平方米，封土残高约1米，周长约8米。墓前尚存明嘉靖十五年(1536)立碑一通，上书班固撰文的《樊侯铭》。墓西的樊侯祠已毁，尚存千年古槐一株，直径约1.6米，证明樊哙墓之久远。

樊哙夫人吕须女为高皇后吕雉姊，高后将江夏黄武之地封樊哙孙樊建。高后死，诛灭吕党时，波及樊家，杀樊建父樊伉，樊建遂迁樊哙墓葬于今湖北省武汉市江夏区的龙泉山。明初，墓地被楚昭王朱桢霸占，迁樊哙墓于楚昭王陵园东侧。现墓前立“汉舞阳侯樊哙之墓”碑一通。前侧有樊哙塑像，左手执盾，右手按剑，再现当年鸿门宴豪勇气概。此地山清水秀，明媚诱人，成为风景旅游区。

樊哙祠内的古槐

位于湖北省武汉市江夏区的樊哙墓(2001 年 3 月)

〔汉〕张良墓

张良墓

位于河南省兰考县的张良墓(2000 年 9 月)

张良(?—前186)，秦末汉初谋略家。字子房。相传为城父(安徽亳州东南)人。祖先数代相韩，为韩贵族。秦灭韩后，他以全部家财广交刺客，欲为韩报仇，在博浪沙(河南原阳)狙击秦始皇未中。传说他更名换姓，亡匿下邳(江苏邳县)，遇黄石公，得《太公兵法》。公元前208年，聚众归刘邦。不久游说项梁立韩贵族韩成为韩王，任韩司徒。后韩成被项羽所杀，复归刘邦，为其重要谋士。楚汉战争期间，刘邦采其建议，不立六国后代，联合韩信、英布、彭越等追击项羽，尽灭楚军。汉朝建立后，封留侯。刘邦赞其“运筹帷幄之中，决胜千里之外”。张良晚年托疾隐退于东昏县(今河南兰考县)，卒葬此。

位于河南省兰考县的张良祠(2000 年 9 月)

张良墓位于河南省兰考县西三义寨

乡曹辛庄。墓冢呈圆丘形，占地3.5万平方米，墓高10米，周长60米。墓区内古柏环绕，郁郁葱葱。据明成化十八年(1482年)张良庙石碑记载：“汉留侯张良旧茔地20亩，墓东1里有留侯庙，墓长、宽各10步。”建国后尚存张良庙，有山门、大殿、厢房共10间，呈四合院布局。庙内外共有石碑六通。“文革”期间，庙宇拆除，石碑被砸。现在，兰考县对张良墓严加保护。墓前建有张良祠，祠内供有张良画像。

位于山东省微山县的张良墓(2007年3月)

在山东省微山县微岛南麓还有一座张良墓，为红黄粘土加鹅卵石块筑成。墓高15米，长宽各100米。墓前立清轮隆二年（1737）石碑1通，碑文题“汉留侯张良墓”。墓东侧有张良祠。

位于山东省微山县的张良祠(2007年3月)

〔汉〕陈平墓

存放在曹家堡村的陈平墓碑

陈平(?—前178)，秦末汉初谋略家。阳武(河南原阳东南)人。少时家贫，喜读书，有大志。好道表法里的黄老之术。陈胜起义，他投魏王咎，任太仆。后从项羽入关，任都尉。旋归刘邦，任护军中尉。先后参加楚汉战争和平定异姓王侯叛乱。刘邦困守荥阳时，采纳其策，用反间计使项羽去得力谋士范增，并以爵位笼络大将韩信。汉朝建立，封曲逆侯，公元前200年，刘邦被匈奴困于平城(山西大同北部)七天七夜，后采纳陈平计策，重贿冒顿单于的阏氏，才得以解围。高祖死后，历任惠帝、吕后、文帝时丞相。吕后死，陈平与周勃等智夺吕氏兵权，诛杀吕氏诸王，拥立文帝，保卫了汉刘祖业。孝文二年(前178)死。

陈平墓位于陕西省户县石井乡曹家堡村。原封土为覆斗形，现呈圆锥状。残高8米，底边长30米。墓前有清乾隆四十一年(1776)陕西巡抚毕沅书“汉曲逆侯陈公平墓”碑，高2.13米，宽0.88米。陈平墓为省文保单位。

陈平墓(2001年3月)

〔汉〕周勃墓

周勃墓(2001 年 4 月)

周勃(?—前169)，秦末汉初名将。沛县(属江苏)人。少时家贫，织薄曲(蚕具)为生，并充当办丧事的吹鼓手。秦末从刘邦起兵，三年后被赐威武侯，继升将军。在随刘邦由汉中进取关中过程中，参与攻打赵贲，击败章平，围困章邯，战功屡建。楚汉成皋之战中，周勃先留镇关(陕西商县西北)重地，后率军入成皋(河南荥阳汜水镇)作战。公元前202年，他率军攻取泗水、东海两郡(约今皖北、苏北)，次年封为绛侯。继因讨平韩信叛乱有功，升为太尉。后又率军击败叛汉的赵相陈豨、燕王卢绾，俘燕将军抵及丞相偃，卢绾仅率家属及残余骑兵数千人投降匈奴。他先后平定长城以南百余县，协助刘邦削平异姓诸王。刘邦病危时嘱吕后：“周勃重厚少文，然安刘氏者必勃也”(《史记·高祖本纪》)。吕后死后，周勃与陈平等智夺吕氏兵权，诛杀吕氏诸王，拥立文帝，官至右丞相。汉文帝十一年病卒。

周勃墓位于河南省郑州市石佛乡小双桥村南。占地面积5000平方米，呈覆斗形。墓高17米，周长约180米。墓南侧有庙，内塑周勃像。为市级文保单位。

〔汉〕周亚夫墓

周亚夫墓文保碑(2001 年 3 月)

周亚夫(?—前143)，西汉名将。周勃之子。公元前162年，以河内守袭父爵封条侯。公元前158年为将军，屯于细柳(今陕西咸阳西南渭河北岸)以防备匈奴。文帝劳军，细柳军士甲胄鲜明，兵器锋利，戒备森严。文帝前导不得入，文帝至又不得入，直到文帝遣使持节降诏，亚夫才传令开壁门。文帝按“军中不得驱驰”的规定乘车缓行，盛赞亚夫治军严整，后拜亚夫为中尉。文帝临终告诫太子：若有急难，可委亚夫统兵应变。景帝即位，以亚夫为车骑将军。公元前154年，吴王刘濞以诛晁错“清君侧”为名，在广陵(江苏扬州市)起兵，并与楚王刘戊通谋，同时胶西王刘印、胶东王刘雄渠、淄川王刘贤、济南王刘辟光和赵王刘遂也起兵反叛。景帝乃任周亚夫为太尉，率36将军迎击吴、楚军。他采纳赵涉建议，避开吴军设伏的崤、渑(陕西潼关至河南渑池一带)绕道武关(陕西丹凤东南)直趋洛阳，再抵战略要地昌邑(山东巨野南)，挖沟筑垒，以逸待劳。他派弓高侯韩颓当等率轻骑出淮泗口(淮水与泗水合流处，故址在今洪泽湖)，迂回吴、楚军侧后，断其粮道。吴楚军欲战不能，终因饥疲不堪，被迫溃退。他派精兵追击，大破吴、楚军。楚王刘戊自杀，刘濞弃军退入丹徒，被东越人所杀。其他六王亦被诛或自杀。他因治军严整，平叛有功，任丞相，后因其子犯法株连下狱，他绝食而死。

周亚夫墓位于河南省原阳县原武乡小村南。占地面积约30平方米。墓冢已不存，尚有明代碑刻一通，记载了万历年划地10亩，岁时致祭的内容。群众俗称周亚夫墓为“亚夫坟”、“柏林冢”。

〔汉〕李广墓

李广(?—前119)，西汉名将。陇西成纪(甘肃静宁南)人。他的祖先李信是秦朝名将，以治军严明著称。李信以后，李家世代练射技，李广最为突出，他臂力过人，技艺精湛。公元前166年，从军击匈奴有功，任中郎。景帝时，先后任北部边城七郡太守。武帝时为未央宫卫尉。公元前129年，任骁骑将军，率万余骑出雁门(山西右玉南)击匈奴，对方势众，他负伤被俘。匈奴兵将其放置两马间，李广佯死，趁隙跃起夺马逃回。公元前123年春，他由卫青统领率骑兵出定襄(治所内蒙古和林格尔县土城子)反击匈奴。同年夏再次参加击杀匈奴，均胜。匈奴畏服，称之为“飞将军”。公元前121年，他参加汉、匈祁连山之战，作为东路军率四千骑兵在前，深入敌境数百里，被匈奴左贤王4万骑兵包围，激战两日，伤亡

李广墓(2002 年 10 月)

大半，张骞率万余骑兵赶到，围乃解。公元前119年，参加漠北之战，受命由东道前进，因迷失道路，未能参战，愤愧自杀。李广历经汉文帝、景帝、武帝三代，一生征战40余年，参加大小战斗70余次，为解除汉王朝的边患内乱，立下汗马功劳。唐代诗人王昌龄的《出塞》诗中有“但使龙城飞将在，不教胡马度阴山”的赞词；边塞诗人高适的《燕歌行》中，也有“君不见沙场征战苦，至今犹忆李将军”的名句。

李广墓位于甘肃省天水市南1公里的石马坪学校院内。墓呈圆丘形，周围以砖石砌筑，坚固华美。墓高约3米，周长约25米。墓前嵌有清乾隆年间重修墓石碑一通，上书“汉将军李广墓”。再前有高约6米砖砌的墓碑一座，碑文为“汉将军李广之墓”。墓前端有庙三间。现为市级文保单位。

李广庙(2002 年 10 月)

〔汉〕卫青墓

卫青墓(1997年9月)

卫青(?—前106)，西汉杰出将领。字仲卿。河东平阳(山西临汾西南)人。少时为平阳侯曹寿家奴，善骑射。其姐卫子夫受汉武帝宠爱。他被召入朝，任建章监、侍中。汉与匈奴之间大规模战争爆发后，于公元前130年受任车骑将军。公元前127年春，他率军以迂回包围战法，出云中沿黄河西进，袭击楼烦王、白羊王于河南(内蒙古河套地区)，歼匈奴数千人，乘胜至高阙(内蒙古杭锦后旗东北)后，沿黄河折而南下，直到陇西(治所甘肃临洮境)，收复河南，置朔方郡和五原郡，建朔方城(内蒙古乌拉特前旗东南)，招募内地10万人迁居朔方，修整秦时所筑边塞，解除匈奴对长安城的威胁，受封长平侯。公元前124年春，他突然夜袭匈奴右贤王部，歼1.5万人，升任大将军。不久，他两次率军出击漠南(蒙古高原大沙漠以南)单于本部，迫使单于远徙漠北(蒙古高原大沙漠以北)。公元前119年夏，他与霍去病各率5万骑越过大漠(蒙古高原大沙漠)进击匈奴，他以正面钳制、两翼包围的战法，歼匈奴近两万人，追至赵信城(在今蒙古人民共和国杭爱山南)而还。后升任大司马。他治军号令严明，指挥灵活果断，自己常奋勇当先，为官守法尽职，深受武帝重用。公元前106年病卒，陪葬茂陵。

卫青墓位于陕西省兴平市东北8公里的南位乡茂陵村。在汉武帝茂陵东北约900米，东与霍去病墓相邻。墓封土呈山形，像庐山(亦名窴颜山，卫青曾在此大败匈奴)，墓高21.4米，底部南北长95米，东西宽70米；顶部南北长18米，东西宽4米。墓前立有清乾隆年间陕西巡抚毕沅所书石碑一通。墓上遍植柏树，宏伟壮观。

［汉］霍去病墓

霍去病(前140—前117)，西汉杰出将领。河东平阳(山西临汾西南)人。卫青外甥，善骑射。官至骠骑将军，封冠军侯。公元前123年，18岁的霍去病被汉武帝任为票姚校尉，随卫青击匈奴于漠南(蒙古高原大沙漠以南)。他率800骑远离主力数百里，歼匈奴两千余人。公元前121年春、夏两次率兵出击占据河西(河西走廊及湟水流域)地区的匈奴部，歼4万余人。同年秋，他奉命迎接率众降汉的匈奴浑邪王，在部分降众变乱的紧急关头，他率部驰入匈奴军中，斩杀变乱者，稳定了局势，浑邪王终能率4万余众归汉。从此，汉朝控制了河西地区，打通了西域道路。公元前119年夏，他与卫青各率5万骑过大漠(蒙古高原大沙漠)进击匈奴，深入两千余里，歼7万余人，升任大司马，与卫青同掌兵权。他用兵注重方略，不拘古法，从实际出发，加之勇猛果敢，故能每战皆胜。

公元前117年，年仅24岁的霍去病不幸病卒。为了纪念霍去病的卓越功勋，在下葬那天，汉武帝下令归附汉朝的“五属国”军队，身穿铁甲，排成长队，将霍去病的灵柩从长安一直护送到茂陵墓地。

霍去病墓位于陕西省兴平市南位乡茂陵村，在汉武帝茂陵东北1000米处。为了纪念霍去病在祁连山一带抗击匈奴的功绩，封土筑成祁连山形状。墓高15.5米，底部南北长92米，东西宽61米。墓前立清乾隆年间陕西巡抚毕沅所书“汉骠骑将军大司马冠军侯霍公去病墓”石碑一通。霍去病墓最有价值的是墓前大型石雕群，如“马踏匈奴”、“怪兽食羊”、“人与熊斗”等，共18件。造型浑厚朴拙，气魄深沉雄大，雕刻手法极为简练传神，是中国现存年代最早而又保存完整的成组大型陵墓石刻艺术珍品。霍去病墓为茂陵的陪葬墓，现为茂陵博物馆所在地。被列为全国重点文保单位。

霍去病墓(1996 年 9 月)

〔汉〕金日磾墓

金日磾(mì dī，前134—前86)，汉车骑将军。字翁叔。本是匈奴休屠王太子。武帝击败匈奴，休屠王死，他没为官奴，在黄门养马。武帝游宴时观马，奇其身高体壮，养马肥壮，遂任之为侍中驸马都尉光禄大夫。不久，生擒谋刺武帝的大臣莽何罗。武帝嘉其功，遗诏封之为和宅侯。昭帝即位，与霍光等同受遗诏辅政，为车骑将军。他出入皇宫数十年，目不斜视，笃慎持重，备受重视。公元前86年病逝，终年50岁，谥敬侯。陪葬茂陵。

金日磾有二子，活泼可爱，武帝喜爱，为弄儿，常在旁侧，时自后拥武帝颈。遭金日磾怒视，弄儿哭而奔走，被武帝庇护。后弄儿长大，行为不谨。其长子在宫中与宫人淫戏，为金日磾所见，被诛杀。武帝闻之大怒，金日磾叩首谢罪，释杀儿之因。武帝悲哀泣下，但内心深为敬重金日磾。

金日磾墓位于陕西省兴平市南位乡茂陵村，在茂陵东偏北1.1公里处，西与霍去病墓相邻。金日磾死后，汉昭帝“赐葬具冢地，送以轻车介士，军阵至茂陵”。墓封土为夯筑，呈覆斗形。墓高11.2米，底边长41米，宽36.5米。墓前有兴平县人民政府立“金日磾墓”碑一通。为全国重点文保单位。

金日磾墓(1997年9月)

［汉］霍光墓

霍光(?—前68)，西汉将领。字子孟。河东平阳(山西临汾西南)人。霍去病异母弟。武帝时，为奉车都尉。昭帝年幼即位，他与桑弘羊等同受武帝遗诏辅政，任大司马大将军，封博陆侯。政事全决于他。昭帝死后，迎立昌邑王刘贺为帝，因其淫行，不久即废，又迎立宣帝。前后执政20余年，实行轻徭薄赋的政策。他死后，宣帝亲政。霍氏一门，仍奢侈无度，加以霍光夫人毒杀宣帝许皇后事发，宣帝收霍氏兵权，诛其宗族。

霍光墓位于陕西省兴平市南位乡东陈阡南堡村。墓为覆斗形封土，高19.5米，底边南北长72米，东西宽64米。墓前有清代陕西巡抚毕沅书墓碑一通。在墓东500米处，曾发现西汉建筑遗址、壁画遗迹和各种瓦当。所出文字瓦当较为少见。

霍光墓(2001 年 3 月)

[汉] 赵充国墓

赵充国墓前的石碑(2001 年 3 月)

赵充国(前137—前52)，西汉名将。字翁孙。陇西上邽(今甘肃天水)人。他熟知匈奴和羌族内情。率军出击匈奴，勇敢善战，功升后将军，封为营平侯。公元前99年，随李广攻匈奴天山之战中，还军时遭围困，粮尽无援。率勇士百余人陷阵突围，负伤二十余处，汉武帝嘉其勇，拜为中郎将。公元前61年春，羌先零部胁迫诸部起兵反汉，汉河西诸郡告急。他年已76岁，自请为将，率骑兵万人及步兵自金城(兰州西北)出发，沿湟水西进至临羌(青海湟源)。他打击叛乱首领先零，招抚诸部，于秋天进到先零驻地，迫其西逃。进入其他部时，严禁士卒焚烧房屋，割禾放牧。羌族降者万余人。汉军罢兵，独留充国及步兵九校，吏士万人沿湟水屯田。后赵充国年老辞职，但朝廷遇有关于少数民族的重要事务，仍不时征询他的意见。甘露二年(前52)卒。终年86岁。

赵充国墓(2001 年 3 月)

赵充国墓位于甘肃省清水县城郊。封土呈圆丘形，底边绕墓砌有砖墙一圈。墓高约4米，周长约50米。墓前两侧有清代立碑两通，均嵌在碑楼内。左为道光年间立“汉故营平侯赵公之墓”碑，右为嘉庆十五年(1810)立“大汉后将军营平侯赵壮公讳充国之墓”碑。墓前有三门四柱石牌坊，上额书“赵充国陵园”五字。墓区松柏滴翠，鸟语花香。前来瞻仰的人络绎不绝。

〔汉〕邓禹墓

邓禹(2—58)，东汉开国名将。字仲华。南阳新野(属河南)人。长于谋略。公元23年跟随刘秀，据当时形势，献“延揽英雄，务悦民心，立高祖之业，救万民之命”(《后汉书·邓寇列传》)的方略，多次举荐人才，均为刘秀所用。继随刘秀镇压铜马等农民起义军，消灭王郎等割据势力。公元25年，受命为前将军，乘赤眉军入关与刘玄军火并之机，火中取栗，率部击败河东(山西西南部)都尉，进围安邑(山西夏县西北)，击败其数万援军。后来被十余万刘玄军挫败，他乃重整军队，扭转战局，斩河东太守杨宝等，据河东。刘秀称帝后，授封大司徒。后虽数为赤眉军所败，但刘秀仍信任他，屡封侯，官至太傅。永平元年卒，终年57岁。

邓禹墓(2001 年 3 月)

邓禹墓位于河南省沁阳市王曲乡里村东南。占地面积2450平方米，呈圆丘形。现存封土高8.5米，周长约120米。墓地多次被盗，从盗洞中发现为砖筑多室墓，墓内泥土淤积，未经清理。冢南65米处有一石辟邪，高11.5米，长1.9米，头足均残。已迁至县博物馆内。

邓禹墓前的石辟邪(2001 年 3 月)

〔汉〕岑彭墓

岑彭墓(2000 年 9 月)

岑彭(?—35)，东汉开国名将。字君然，南阳棘阳(河南新野东北)人。曾任新莽政权棘阳县长，继投刘玄，后从刘秀转战南北，屡立战功，任刺奸大将军、廷尉、征南大将军，授益州(指今四川及陕西、甘肃南部)牧，封舞阴侯。长于韬略，用兵灵活。公元25年，刘玄军被围于洛阳，他劝降主将朱鲔，使洛阳举城归降刘秀。公元27年，他率军南攻秦丰时，受阻于邓(湖北襄樊北)，乃声东击西，直趋秦丰腹地黎丘(湖北宜城北)，获胜。公元29年，在屯兵津乡(湖北江陵东南)时，他得知江南牧守慑于汉军南下的心理，乃以檄文晓谕江南广大地区，使该地区民众纷纷归顺刘秀。公元35年，他率军溯三峡攻蜀，发挥水战之长，用江河实施远距离迂回进击，直捣蜀地腹心，进至成都附近。同年，被公孙述派人刺死。

岑彭墓碑(2000 年 9 月)

岑彭墓位于河南省尉氏县十八里乡金背岗村西南。墓冢呈圆丘形，占地面积1470平方米。墓高约5米，周长约80米。墓前立有石碑，碑文阴刻“汉征南将军舞阴侯岑彭之墓”，立碑年代不详。村里每年都在墓前搞一次大型祭祀活动，有时还唱大戏。现为县级文保单位。

〔汉〕马援墓

马援(前14—49)，东汉初名将。字文渊。扶风茂陵(陕西兴平东北)人。战国时赵国将领马服君赵奢后裔。公元44年，马援正率领人马西征南讨，突然接到汉光武帝刘秀的诏令，要他回京师休整。回来后，皇上赐给车一辆，要他过些舒适安逸的日子。而马援却说："当今匈奴、乌桓正在犯扰北方国境，我愿请战反击。男子汉大丈夫就是应当报效祖国而死于边疆，用马革裹着尸首回来，怎么可留恋家庭，躺在床上儿女情长呢?"他的老友孟冀听到后，赞扬说："真正有抱负的人，应该是这样啊!"这是《后汉书·马援传》记载的一则历史故事，也是成语"马革裹尸"的由来。

马援曾任新莽时新成(陕西汉中)大尹，莽败乃随陇西割据者隗嚣，后归刘秀。攻隗嚣时，他出面游说劝降，并堆米以示山川地形(最早的沙盘)，陈述两军态势，为取陇作出了贡献。当武陵(湖南常德西)部族起兵反汉时，年逾花甲的马援仍领兵出战，在进击武陵"五溪蛮"时，病死军中，实践了"马革裹尸"的豪言，终年63岁。马援生前曾在西北养马，得相马之法，并以铜铸马，为名马模式，著有《铜马相法》。

马援墓位于陕西省扶风县新店乡伏波村。封土呈覆斗形，高约6米，南北长28.5米，东西宽25米。墓前有清乾隆二十九年(1764)马援后裔立"始祖伏波将军马公讳援墓"碑及乾隆四十一年(1776)陕西巡抚毕沅书"汉伏波将军马公墓"碑各一通。原来墓前尚有华表、石案等石刻，20世纪70年代末毁佚。墓北稍远处另有康熙四十三年(1704)立"汉伏波将军马援墓"石碑一通。现为省级重点文保单位。

东汉光武帝建武十七年(41年)，马援率大军平定南疆，在海南岛建置城池井邑。近年，海南省于三亚市海滨为马援修建一座塑像，以彰其功德。

马援墓(2000年9月)

〔汉〕马武墓

马武墓(2000年9月)

马武(?—61)，东汉初将领。字子张。南阳湖阳(河南唐河南)人。新莽末，参加绿林起义军，后归刘秀，参与镇压河北尤来、五幡等农民军。刘秀即位，他任侍中、骑都尉，封闩都侯，与虎牙将军盖延等击败刘永、庞萌等地方割据势力。后封扬虚侯，为捕虏将军。公元58年冬，在张鸿率郡兵进击烧当羌反汉失败后，复遣他和窦固等率军4万人进击。次年秋，在今青海乐都县东北击败烧当羌，杀六百余人，并追至洛都(青海乐都县)，在东西邯(邯川城在今青海乐都)斩羌4千余人，余众皆降。

马武墓前的残碑(2000年9月)

马武墓位于河南省尉氏县十八里乡孟家村南凡家村北。墓冢坐北向南，呈长方形，南北长约50米，东西宽约25米，高4米。墓上有柏树十余棵，周围散存绳纹残砖。墓前有已倒伏的石碑两块，字迹漫漶，其中一块断为两截。为县级文保单位。

〔汉〕班超墓

班超(32—102)，东汉著名将领、外交活动家。字仲升，扶风平陵(今陕西咸阳西北)人。著名史官班彪之子，班固弟。年少博览群书，30岁迁居洛阳，以缮写谋生。后投笔从戎，立志以张骞为榜样，建功西域。公元73年，他随奉车都尉窦固攻北匈奴，以假司马职率军袭取伊吾(新疆哈密西)后，受命出使西域，带领36人，并确定团结诸邦，打击匈奴，先南后北，以收服西域的策略。至鄯善(新疆罗布泊西南)初受礼遇，后被冷落，知情况有变，乃于夜间袭杀北匈奴使臣及随从130余人，使鄯善王消除犹豫，决心归汉。他功升军司马。进于阗(新疆和田一带)，又促王广德杀北匈奴使臣归汉。次年抵疏勒(新疆喀什)时，他智擒忠于北匈奴的国王，另立新王附汉。公元75年，北匈奴攻占车师(新疆东北部)，西域形势逆转，汉诏他回朝。他在官民挽留下固守疏勒5年。他用朝廷千余援兵平息叛乱，复率南道诸邦军队2.5万人攻占莎车(属新疆)，南道遂通。班超声威振西域诸邦。升任西域都护，进驻龟兹。公元96年，他调集诸国联军攻焉耆(属新疆)，突然进逼王城，设重赏诱斩表里不一的焉耆王，另立新王。至此，北道畅通，汉朝威及西域50余邦，班超受封定远侯。他以“宽小过，总大纲”治军施政，用兵重谋略，善利用矛盾，因势利导，以弱胜强，在西域31年功绩不朽。他还遣使西方，首开中国与欧洲的交往。公元102年，抱病回洛阳，授射声校尉。不久病逝，终年71岁。

班超墓位于河南省孟津县朝阳乡障阳村西北，开(封)—洛(阳)高速公路北侧。封土呈覆斗形。墓高6米，周长120米。俗称班冢，即班超墓。

班超墓(2001年3月)

〔汉〕马腾墓

马腾(?—211)，东汉末年起兵反对曹操的羌族将领。字寿成，扶风茂陵(今陕西兴平东北)人。少时家贫无产业，后应募从戎，初为凉州刺史耿鄙军司马，曾参加镇压氐、羌起义。187年起兵，与韩遂联合，推汉阳人王国为主。后废王国，与韩遂割据凉州。205年，曹操征其入朝，任为卫尉，所部归其子马超率领。211年，因其子马超举兵反曹被杀。

马腾墓位于河南省许昌县苏桥乡冢许村内。占地面积约1000平方米，呈覆斗形。墓高6米，周长约80米，植有松柏。墓前立“马腾墓”文保碑一块，为县级文保单位。

马腾墓(2001 年 3 月)

〔三国魏〕司马懿高原陵

司马懿(179—251)，三国时期军事家。字仲达，河内温县(河南温县西)人。23岁入仕，后任军司马。公元219年，他向曹操献计，诱东吴出兵袭江陵(属湖北)，以解襄阳、樊城(属湖北)之围。曹丕称帝，升他为丞相长史，抚军大将军。公元227年冬，他受命平息新城(湖北西北部)太守孟达反叛，率军从宛城(河南南阳)疾进，八天千余里，袭克上庸(湖北竹山西南)，斩杀孟达。公元231—234年，他统兵抗蜀，据险坚守，以逸待劳，使诸葛亮远征未达目的。不久升太尉。公元238年秋，他率军四万，进击叛魏的辽东(辽宁境)太守公孙渊，用疑兵击辽遂(辽宁鞍山西)南，自率主力突然北向，抢渡辽水，围公孙渊于襄平(辽宁辽阳)，待其粮尽，一举破城，斩公孙渊父子，定辽东四郡。公元249年春，他谋杀曾共辅曹芳的大将军曹爽，独揽朝政。公元251年，他击败对抗司马氏的太尉王凌，奠定了以晋代魏的基础。不久病逝于洛阳，后被追尊为晋宣帝。他戎马生涯四十余年，用兵有“兵动若神，谋无再计”《晋书·宣帝》之誉。终年73岁，葬高原陵。

高原陵位于河南省偃师市蔡庄乡北2公里的首阳山上。司马懿生前曾在首阳山预选寿陵，规定不封墓冢，不建陵寝，所以地面没有痕迹。陵址的具体位置，有待于进一步考证。

首阳山，司马懿墓修建在山中

〔三国魏〕夏侯惇墓

夏侯惇(?—220)，三国时魏国名将。谯(今安徽亳州)人。东汉末随曹操起兵，被任为裨将。参加了镇压黄巾起义、征讨吕布等战争。在征讨吕布的作战中，被吕布部将高顺伤其左目。领陈留、济阴(今山东定陶)太守，加建武将军，封高安乡侯。旋调为河南尹。后随曹操击败袁谭、袁尚，攻占邺城(今河北临漳)，迁为伏波将军。公元216年，随曹操南征孙权，屯兵居巢(今安徽巢湖)，经战月余，议和而还。公元220年，曹丕废汉献帝，自立为魏文帝，命他为大将军。数月后病故。

夏侯惇墓位于河南省许昌县河街乡南贺庄村的石油库院内。墓呈圆丘形，高约7米，周长约80米，封土上遍植翠柏，郁郁葱葱。

夏侯惇墓(2001 年 3 月)

〔三国〕孟达墓

孟达墓(2001 年 3月)

孟达（？—232），字子敬、子度。三国名将。扶风郡(今陕西兴平县）人。其父孟他，以贿赂中常侍张让而得授凉州刺史。孟达少时入蜀依刘璋。受命与法正领兵迎刘备。刘备得蜀，任命他为宜都太守。又命养子刘封率孟达攻占房陵（今湖北房县）、上庸（今湖北竹山西南）两郡。关羽被东吴军围困时，刘备令刘封、孟达出兵援助，但刘、孟皆未从命，致关羽全军覆灭。刘备由此对孟达不满。他畏惧刘备罪己，于是给刘备写了一封告别信，于公元220年，率部4000多家口投魏。魏主曹丕对他十分器重，写信给孟达表示嘉许与慰问。孟达到魏后，与贤雅之士交谈，才辩过人，众人为之瞩目。曹丕加拜孟达为散骑常侍，任用为新城太守，委以镇守西南一线的重任。同年，与夏侯尚等击败刘封。曹丕死后，朝中与他关系亲善的桓阶、夏侯尚也相继而亡，这时孟达想到自己久在前线，朝中无人帮衬，心中有些不安。蜀汉的诸葛亮趁机秘密与他联系，多次写信招诱孟达，孟达也数次回信，阴许归蜀。此事让魏兴太守申仪知道后，密报朝廷，但皇帝不信。抚军大将军司马懿派人侦察，并劝孟达离开边地军营入朝见皇帝。孟达意识到事情可能泄露，于是在公元232年举兵反。司马懿不等朝廷指示，及时领兵讨伐，买通孟达部将李辅和孟达的外甥邓贤，打开城门，魏军拥入，孟达坚守16天，新城郡被攻破，孟达被杀，葬于旬阳。

孟达墓位于陕西省旬阳县庙岭乡临崖寺村王家山上。墓南向，封土圆丘形。周约10米，高3米。墓前有清代建六角五层石塔，高约11米，塔身四层以下块石垒砌，四层上部和顶层砖砌（当为补修时所加），塔顶尚存刹杆。据载，“灵岩寺文星塔……临古冢而建”。久之，乃成古冢标志。

〔三国魏〕许褚墓

许褚(生卒年不详)，三国时魏国名将。字仲康。谯(安徽亳州)人。东汉末，聚宗族数千家，筑坞壁，以抗拒农民起义军。后归曹操，为宿卫，从攻张绣、袁绍、马超等，力战有功，任武卫中郎将，武卫将军、骠骑将军。他勇力过人，有“虎痴”的雅称。很受曹操依重，出入同行，不离左右。曹丕代汉，建立魏国，封万岁亭侯，魏明帝时死，谥为壮侯。

许褚墓位于河南省武陟县城关乡仲许村。占地面积650平方米。封土已平，地面上仅存石羊三件，其中两件已埋入地下，尚有一件卧式石羊在地表面。雕刻精巧，形象逼真。

许褚墓前的石刻(2001 年 3 月)

［三国魏］邓艾墓

邓艾墓

邓艾墓前的石碑(2001 年 3 月)

邓艾(197—264)，三国后期魏国名将。字士载，义阳(河南南阳南)人。官至太尉。公元263年秋，征西将军邓艾率军3万余人，作为灭蜀三路大军中的一路，从狄道(甘肃临洮)进军，牵制驻守沓中(甘肃舟曲西北)的大将军姜维所率的蜀军主力。他进至阴平(甘肃文县西北)，拟与另一路大军雍州刺史诸葛绪合军，由江油(四川江油北)直驱成都。诸葛绪不从，却引军东下与另一路大军镇西将军钟会合军。欲专军权的钟会，反告诸葛绪畏敌不前，将其押解魏都，自己则率大军南下，被姜维阻于剑阁。邓艾上书建议：以奇兵从阴平小道经江油、涪县(四川绵阳东)，直取成都。如姜维退援涪县，钟会军即可长驱南下；若姜维固守不援，奇兵也能取胜。同年冬，邓艾按此自阴平南进，偷越700余里无人烟的小道，凿山开路，修栈架桥，遇陡坡他以毡裹身，滚下坡去，为士卒作出榜样，出其不意地迅抵江油，迫守将马邈投降。他继破蜀军于绵竹(四川德阳北)斩将军诸葛瞻，进克雒县(四川广汉北)，蜀都为之混乱，刘禅请降，并令姜维投降钟会，邓艾率军进成都，蜀亡。邓艾后遭诬告被杀害。终年68岁。

邓艾墓(2001 年 3 月)

邓艾墓位于陕西省蒲城县东北的西头乡邓家堡村。封土呈覆斗形，高约6米，底边长15米，宽13米。西晋初年曾建墓祠，今已不存。墓前有前秦建元三年(367)“邓太尉祠碑”和金承安四年(1199)“魏邓太尉祠碑”。

〔三国蜀〕姜维墓

姜维（202—264），字伯约。三国时期蜀汉名将。天水冀县（今甘肃甘谷东）人。姜维自幼好学有大志。年稍长，出仕为曹魏州从事。后因父功，赐官中郎，参与本郡军事。公元228年，诸葛亮率蜀军伐魏，兵出祁山（今甘肃礼县东），姜维投蜀汉，任仓曹掾，奉义将军，深得诸葛亮器重，迁中监军，征西将军。公元230年，姜维与魏延随诸葛亮往袭上好邽（今甘肃天水），击败司马懿所率魏军主力。公元234年，随诸葛亮兵出斜谷（今陕西眉县西南），驻军五丈原（今陕西岐山南斜谷口西侧），与司马懿相持于渭南。诸葛亮病卒于军中，姜维与杨仪遵其秘嘱，秘不发丧，退军途中还打出诸葛亮帅旗，佯作反攻之势，使司马懿不敢深追，得以从容撤回汉中。还至成都后，姜维被任命为右监军，辅汉将军，统辖诸军，进封平襄侯。公元238年，受命屯驻汉中，率偏师西入，都无功而还。公元243年，迁镇西大将军，兼领凉州制史。后迁卫将军，与将军费祎共录尚书事。公元247年，雍、凉羌胡反魏附蜀，姜维率兵接应，与魏将郭淮、夏侯霸等战于洮西（今甘肃临谭西），胡王白虎文、治无戴等率部落随之入蜀。两年后，复率军西击欲收羌胡之众，与魏军战于洮水，不克而还。公元253年，掌蜀汉兵权，后升任大将军。时蜀汉已是每况愈下，仍连年举兵攻魏，师劳功微。公元256年，率师会攻上好邽，为魏将邓艾所破，丧师甚众。公元263年，魏遣镇西将军钟会、征西将军邓艾，雍州刺史诸葛绪分三路大军伐

姜维墓(2002 年 10 月)

蜀。姜维率部会同张翼，廖化坚守剑阁（今属四川）。魏军久攻不克，邓艾出奇兵自阴平入蜀，破蜀将诸葛瞻于绵竹（今属四川），直逼成都。姜维闻报，急引军回救，后主刘禅已经投降。姜维奉诏，被迫降魏，受到钟会厚待。次年，姜维与钟会合谋叛魏，拟借机复蜀，事泄，姜维被钟会部将杀于成都。终年63岁，葬于甘谷。

姜维墓位于甘肃省甘谷县陆峰乡姜家庄村。姜维死后，遗体运回故乡安葬。墓建在山坡上，呈圆丘形，下部砌石墙绕墓一圈。封土高约3米，周长约20米。墓前立“汉平襄侯大将军姜维墓”石碑一通。墓的右下方建有姜维纪念馆，馆内有姜维彩色塑像和生平事迹展，院内立杨成武题“姜维故里”石碑一通。

姜维纪念馆(2002 年 10 月)

〔三国蜀〕诸葛亮墓

武侯祠内诸葛亮塑像

诸葛亮(181—234)，三国时期杰出军事家，字孔明。徐州琅邪郡阳都(山东沂水南)人。后居隆中(湖北襄阳西)十年，以管(仲)、乐(毅)自励。公元207年，屯兵新野(属河南)的刘备三顾茅庐，诸葛亮为之提出了隆中决策：先占荆、益(指今四川及陕西南部)，和抚边裔，内修政治，外结孙权，待时机成熟，分兵两路，令得力将领从荆州取宛(河南南阳)、洛(河南洛阳)，刘备自率主力出益州攻秦川(指关中一带)，进图中原，攻灭曹操。他从此辅佐刘备父子。公元208年秋，曹操率大军逼荆州，刘备兵败长坂(湖北当阳境)，退驻樊口(湖北鄂州境)。他赶赴柴桑(江西九江西南)，同周瑜等劝说举棋不定的孙权与刘备联盟，大败曹操于赤壁。又助刘备取荆州四郡，任军师中郎将。公元214年，率张飞、赵云部溯长江而上，夺取江州(四川重庆)、江阳(四川泸州)、犍为(四川彭山)、巴西(四川阆中)等地，同先期入益州的刘备会师，攻下成都。刘备称帝后，诸葛亮任蜀汉丞相、录尚书事，总理军政。公元222年，刘备兵败夷陵(湖北宜昌境)，次年病故。他辅后主刘禅即位，受封武乡侯。他继续与吴修好，休养生息，经充分准备，于公元225年进军南中(云南、贵州及四川西南部)平息了少数民族的叛乱，对部族首领委以官职，蜀汉后方得以稳定。公元227年春，他统军10万进驻汉中，次年出师攻魏，在祁山等地与魏军展开了长达7年的攻战，直至公元234年8月，鞠躬尽瘁，卒于五丈原(陕西岐山南)军中，终年54岁，谥忠武侯。他生前革新军械、装具，创制一发十矢的连弩，适应山区运输的“木牛”、“流马”，改进钢刀，增强了蜀军战斗力。他的道德风貌和军政才能，一直是中国封建王朝辅佐皇帝者的楷模。民间誉他为智慧的象征。其军事著作大部失传，中

华书局辑校的《诸葛亮集》中，汇集了他存世的军事著述。

诸葛亮墓(1996 年 9 月)

诸葛亮墓，又称武侯墓，位于陕西省勉县南5公里的定军山镇诸葛村。《三国志》载：“因山为坟”，《水经注》曰：“葬于其山，因即地势，不起坟垄”。现存墓冢系后代起封，位于定军山北麓。墓园坐西向东，占地面积324亩。墓区始建于公元263年，历代均有维修，现存60余间房舍，为清代建筑风格。照壁、山门、献殿、大殿、墓亭、墓冢及寝殿遗址，从东到西都排列在一条中轴线上。大殿正中神龛内端坐诸葛亮塑像，手持兵书，神态庄严。琴、剑二童侍立左右，龛下关兴、张苞护卫两侧，形态逼真，栩栩如生，为明代造像。大殿前献殿三间，高敞、宏丽，遍悬匾、联。墓在大殿后，南北向，头北脚南，取北顾中原，南立蜀国之义。墓呈覆斗形，高约6米，底径12米。墓周环以八卦形花墙，圆周为60米。墓前的墓亭内，有明万历甲午年(1594)陕西按察使赵健立“汉丞相诸葛忠武侯之墓”石碑一通。另有明至近代碑刻38通。墓区现存汉植古柏22株，古桂两株，树龄1700多年，至今枝繁叶茂，长势良好。

武侯墓正门(1996 年 9 月)

武侯墓区，岗峦起伏，山环水抱，古木荫森，风光明丽，素有“陕南天然公园”之美誉。现为全国重点文保单位。

〔三国蜀〕庞统墓

庞统(179—214)，三国时蜀军师。字士元。襄阳(湖北)人。初与诸葛亮齐名，号“凤雏”。人称“南州士之冠冕”。刘备得荆州，为谋士，先任耒阳令，后为治中从事，与诸葛亮同任军师中郎将。后从刘备入蜀。公元214年，攻雒城(四川广汉北)，中流矢卒，终年36岁。追赐爵关内侯，谥为靖侯。

庞统墓(2001 年 3 月)

庞统墓位于四川省罗江县西5公里的鹿头山白马关。庞统死后，刘备将他厚葬于此，翌年，在墓前建祠。

庞统墓祠为一整体建筑布局，四进四合大院，占地2.7万平方米。石木结构，石墙、石窗、石柱、石门、石地坪、石走廊，古朴敦厚，肃穆庄重，远望如一方金印。墓祠依次为山门、二师殿、栖凤殿和墓园。庞统墓高约4米，周长约20米，为石箍圆形实体墓，封土正中砌有五层石雕镂空宝顶，下压八角石雕凤尾，远看如古代将军头盔。墓前有清康熙四十八年(1709)，四川巡抚能泰立“汉靖侯庞士元之墓”石碑一通。墓祠四周古柏参天，苍翠葱郁，传为张飞亲手所植。许多文人墨客，军政要员来此凭吊览胜，并留下许多观感诗章，使祠墓富有文采。如清代学者李光汉所撰的楹联：“真儒者不徒文章名世；大丈夫当以马革裹身”。清代才子顾复初的楹联是：“造物忌多才龙凤岂容归一主；先生如不死江山未必竟三分”，对庞统评价极高。庞统祠墓北1.5公里处，是庞统中箭身亡的落凤坡，此地还有一冢。相传庞统穿戴的血衣就地埋葬，故将此冢称为“血墓”。

〔三国蜀〕关羽陵

关羽(?—219)，三国时著名将领。字云长，本字长生。河东解县(山西临猗西南)人。早年随刘备起兵，曾参与镇压黄巾起义，后守下邳(江苏邳县南)。公元200年，被曹操擒获，授偏将军，在官渡之战中为曹军先锋，斩杀袁绍大将颜良，封汉寿亭侯。后回归刘备。公元208年，率万余水军与孙权联合，大败曹军于赤壁。官至前将军。公元219年秋出兵攻襄阳、樊城(属湖北)，乘汉水泛滥，迫降曹将于禁，擒杀庞德，围困曹仁、吕常，威胁中原。后因曹操遣兵增援，孙权乘虚袭取江陵(属湖北)，他败走麦城(湖北当阳东南)。这年冬，被吴军擒杀于临沮章乡(湖北远安境)，身、首分葬两处。民间流传其忠义，立庙祭之。

位于河南省洛阳市埋葬关羽头颅的陵墓(2004 年 5 月)

关陵是关羽无头尸骸的陵墓，位于湖北省当阳市城西北3公里。北宋以前只有土冢，南宋始建祭亭。元代增建墓道墓门，明代兴建墓祠200余间。其后复重修增建。陵园内现有牌坊、红门、马殿、拜殿、正殿、寝殿、启圣门、春秋阁、伯子祠、钟楼、鼓楼、八角亭等建筑。寝殿后为墓冢，

位于湖北省当阳市的关陵(1994 年 12 月)

高约7米，周长约70米。甃石为垣，上加石雕栏杆。墓前碑亭内，有明万历年间立“汉寿亭侯墓”碑一通。关陵内保存有明清两代名人碑刻数十方，其中以《关云长圣像碑》和明代著名文学家袁宏道、袁中道二人所书石刻诗文最负盛名。

位于山西省永济市解州镇的关帝庙

关林是关羽首级埋葬处，位于河南省洛阳市城南关林镇关林村。关羽被杀后，孙权将关羽首级送给曹操，曹操识破其“嫁祸于人”之计，遂刻木为身，以王侯之礼葬于洛阳城南。

历代皇帝把关羽作为“忠义”化身，屡加赐封，侯而王，王而帝，帝而圣，圣而天。褒封不尽，庙祀无垠。直把关羽推崇为神，受人们供奉。明万历二十年(1592年)，按照帝王宫殿制度始修关林，主要建筑有戏楼、大门、仪门、钟楼、鼓楼、拜殿、大殿、二殿、寝殿、石牌坊、八角碑亭、墓冢等。墓前石牌坊上题“汉寿亭侯墓”的匾额。墓高约10米，周长约150米。关林苍松翠柏，葱郁古朴。为省级文保单位。

位于湖北省当阳市埋葬关羽身躯的陵墓(1994 年 12 月)

〔三国蜀〕张飞墓

张飞墓(2001 年 3 月)

张飞(?—221)，三国时期蜀汉名将。字翼德，涿郡(河北涿县)人。早年随刘备起兵，曾参与镇压黄巾起义。后破吕布，升中郎将。公元208年，刘备兵败长坂(湖北当阳境)，仓惶弃妻、子而逃。张飞率二十骑断后，拆长坂桥，勒马横矛，曹军疑惧，未敢近前，保刘备脱险。公元214年，张飞随诸葛亮溯江而上，破江州(四川重庆)，定巴西(四川阆中)，与刘备会师成都。次年，曹将张郃攻宕渠(四川渠县一带)，张飞迎战，相持50余日。后张飞示弱撤退，待张郃追入狭窄山道，突然反击，张郃大败，带十余人逃走，收兵回汉中。张飞功授右将军，后兼司隶校尉，官至车骑将军。公元221年，张飞奉命率部攻吴，出发前被部将刺杀。张飞作战勇猛，指挥果断，但不恤士卒，后人有“猛张飞”之称。

位于重庆市云阳县的张飞庙(2002 年 3 月)

张飞墓位于四川省阆中市城西的张桓侯祠(俗称张飞庙)内。该祠由山门、敌万楼、大殿、厢房和后殿组成，墓在祠的最后，墓前建有墓亭，内塑3米高张飞武身坐像一尊，两侧有范疆、张达跪像，左右墙壁嵌有明、清石碑数通。墓为椭圆形，东西径22米，南北径32米，高8米。墓上奇花异草与参天古木交相辉映。奇姿异态，意趣横生。

[三国蜀] 赵云墓

赵云(?—229)，三国时期蜀汉名将。字子龙。常山镇定(河北正定南)人。初从公孙瓒，后随刘备。公元208年，刘备兵败长坂(湖北当阳境)时，赵云救其妻、子出险，功升牙门将军。公元219年，曹操率军欲夺回汉中，蜀将黄忠领兵截取军粮，过时未归。赵云率数十骑接应，与曹军遭遇，退回军营，偃旗息鼓，大开营门。曹军追至，疑有伏兵而退。赵云令战鼓齐鸣，发射劲弩，曹军不知所措，边跑边自相践踏，溺汉水死者甚多。公元223年他升中护军、征南将军，后为镇东将军。公元228年，他自汉中进驻郿城(陕西眉县境)，魏将曹真来攻，寡不敌众，乃聚众坚守，后又亲自断后，安全撤退。次年卒于军中，谥顺平侯。赵云有勇有谋，运筹周密，被誉为浑身是胆，他力主维护孙、刘联盟；巴蜀初定时，曾劝阻刘备分田赐将，以安抚民众。

十里长坂(2001 年 3 月)

已作为石桥的赵云墓碑(2001 年 3 月)

赵云墓位于四川省大邑县银屏乡静惠山麓的子龙庙内。墓前立“汉顺平侯赵云墓”碑一通。“文革”期间，庙内改为学校，因此，子龙庙、墓及碑碣毁坏殆尽。在河南省南阳县黄台岗乡十里屯村还有一座赵云墓，墓前有清咸丰元年(1851)立“蜀汉翊军将军赵子龙墓”石碑一通。现墓冢已平，墓碑被村民用于筑桥。

〔三国蜀〕马超墓

马超(176—222)，三国时蜀汉名将。字孟起。扶风茂陵(陕西兴平东北)人。出身于凉州豪强之家。东汉末，随父马腾起兵，占据关中地区。官至偏将军，封都亭侯。后领腾部属。公元211年，攻曹操，在潼关被曹打败，退据凉州，又为曹将杨阜等所逐，乃率兵依附张鲁。刘备攻成都，他归之，屯兵城下，使刘璋震怖。蜀汉建立，任骠骑将军、征西将军，领凉州牧，进封“乡侯”。与关羽、张飞并列为刘备的“五虎上将”。公元222年卒，终年47岁。谥威侯。

马超墓(1996 年 9 月)

马超墓位于陕西省勉县沔阳镇马公祠村。坐北朝南，占地面积1890平方米。封土覆斗形，高约3米，底边周长56米。墓前有清乾隆四十一年(1776)陕西巡抚毕沅立“汉征西将军马公超墓”石碑一通。《关中陵墓志》载：“汉建兴五年(227)，诸葛亮武侯军至沔阳(今勉县)，亲诣墓所致祭，并命其弟马岱挂孝。”墓南，绕过汉惠渠100米处，便是马公祠。祠内原有山门、东西厢房、牌楼等建筑，如今尚保存正殿三间，内塑马超泥像一尊，殿门悬有“汉侯祠”匾额一块。存清代修祠碑碣七通。马超墓祠为省文保单位。

马超祠(1996 年 9 月)

〔三国蜀〕周仓墓

周仓墓前石刻

周仓，平陆人。三国时名将。初为黄巾军的一个小头目，后为张宝部将。张宝死后，他率数百之众，啸聚卧牛山。关羽赴古城途中，在卧牛山与周仓相遇。周仓仰慕关羽已久，遂愿为步卒相从。关羽为其诚意所感，收为部下。从此，周仓和关平在关羽身边形影相随，他为关羽扛着青龙偃月大刀，侍候前后，成为贴身保卫。周仓随关羽南征北战，出生入死，全力效命。他陪关羽“单刀赴会”，不避凶险，虎口脱生；樊城之役，水战庞德，勇冠三军。他为关羽匡扶汉室立下了汗马功劳。关羽败走麦城身亡，周仓为其以身殉节，死于麦城。后人感其忠义，将周仓列为关帝庙中陪祀，天下供奉。

周仓墓位于湖北省当阳市两河镇群力村。占地约3000平方米，四周建围墙。封土高约3米，直径约5米。墓前建碑亭，内有清同治年间立“汉武烈侯周将军讳仓之墓”碑一通。碑前为焚帛炉，两侧有坐姿石人一对。墓后亭内塑周仓武身持刀像。再后建庙三间，为祭祀场所。

周仓墓(2001 年 3 月)

〔三国蜀〕蒋琬墓

蒋琬(?—246)，三国时蜀将军，字公琰。零陵湘乡(属湖南)人。蒋琬是一个门第很低的小吏，初从刘备入川，曾任广都长、什邡令、尚书郎、东曹椽、参军，代张裔为长史，加抚军将军。后为诸葛亮所依重，任丞相长史。诸葛亮攻魏，他主持兵源粮饷供应，很是及时，成为诸葛亮的得力助手。公元234年，亮死于军中，代亮执政，总统国事，为大将军，录尚书事，封安阳亭侯。公元238年他受命屯兵汉中，伺机伐魏。公元243年，因病退驻绵阳，公元246年，病卒于任，谥号“恭”，后世称“蒋恭侯”。

蒋琬墓(2000 年 3 月)

蒋琬墓位于四川省绵阳市的西山之巅，呈八角形。高3米，周长25米。由墓座、墓身、墓檐和墓顶四部分组成。墓座和墓身是长方石条砌成，墓檐为两层板石结构，下层出檐，上层收进。檐上为顶，形成一大覆钵状。全墓轮廓雄伟，朴素端庄。墓前有“汉大司马蒋恭侯墓”石碑一通，高2.45米，书法严整，雄浑有力。墓道两侧原有石人、石马，已于1967年损坏。墓后另竖有一“蒋恭侯墓”碑，系光绪庚寅年(1890)所立。墓左还有清代所刻“蒋恭侯传”碑，记述蒋琬的生平。蒋琬墓为省级文物保护单位。

蒋琬墓正门(2000 年 3 月)

[三国吴] 周瑜墓

周瑜(175—210)，三国时吴将领，军事家。字公瑾。庐江舒县(安徽庐江西南)人。出身士族，少时与孙策友善。公元195年，周瑜起兵助孙策占据江东，任建威中郎将。后转战江淮。孙策死后，他以中护军职辅佐孙权。公元202年，曹操责令孙权送子为质称臣。孙权众臣犹豫，惟他力主拒之，并助孙权制定占据江南、拥兵观变的方略。公元208年，曹操率军南下，并向孙权招降。周瑜和蜀汉使者诸葛亮等分析局势，坚定孙权联刘抗曹的信心。他自请为将，率军大败曹军于赤壁，奠定三分天下的基础。周瑜赤壁战后筹划进图中原，不幸于公元210年病逝于巴丘(湖南岳阳)，年仅36岁。

周瑜墓位于安徽省庐江县城关镇周墓村，原墓址平地起坟，坐西向东，汉砖结构。明正统七年(1442)，知县黄金蓝立碑，文曰：“吴名将周公瑾之墓”。墓前建“谈笑亭”，清咸丰年间，亭毁墓存。

1942年，桂系部队盗掘周瑜墓后，为掩人耳目，将墓冢改为“凸”形，加葺封土。墓基2丈见方，高约6尺。墓前砌砖石联坊，联曰“赤壁展鸿图，三十功名，公已勋垂宇宙；佳城封马鬣，二千年后，我来树此风声”。并置四对石狮于墓前。数年后被破坏，墓砖、石刻被移走。现在封土、石碑尚在，墓基部分毁坏，墓前又增添了周瑜的塑像。当地百姓把周瑜视为神仙，常有人在墓前焚香挂彩，祈求保佑。周瑜墓现为省重点文保单位。

正在整修的周瑜墓(2002年12月)

〔三国吴〕鲁肃墓

鲁肃(172—217)，三国时期孙吴名将。字子敬。临淮东城(安徽定远东南)人，出身士族。一次周瑜率兵经过，求给军粮，鲁肃家有两囷米，各三千斛，即送一囷给周瑜，周瑜遂与鲁肃定交。后周瑜劝鲁肃辅佐孙权，并为鲁肃做了引荐。鲁肃以“汉室不可复兴，曹操不可卒除”，献计立足江东，西据荆州，凭长江天险再进图天下。深受孙权赏识。公元208年，曹操率军南下，

鲁肃塑像

位于湖北省岳阳市的鲁肃墓(2000年3月)

他与周瑜联合刘备共拒曹操。孙权采其建议，任为赞军校尉，助周瑜破曹军于赤壁(湖北蒲圻西北)。公元210年，瑜死后，任奋武校尉，驻江陵(南郡治所，今属湖北)。后又劝孙权“借”南郡给刘备，维护孙刘友好，致曹操无隙可乘，继移屯陆口(今湖北嘉鱼陆溪口)，为偏将军，兼汉昌太守。公元214年，随孙权攻破皖城(今安徽潜山)曹军，升横江将军。次年，率军至益阳(今属湖南)，与关羽相拒。孙权与刘备以湘水为界重新分荆州后，还镇陆口。公元217年病卒，终年46岁。

鲁肃墓位于湖南省岳阳市洞庭北路东侧。墓东西向。封土堆高6米，底径33米。石墓围，周有石栏。墓顶建六角攒尖顶亭，琉璃瓦面。墓前有青石墓碑一通，清光绪十五年(1889)立，碑文阴刻“吴鲁公肃墓”。再前为三门四柱石牌坊，上额题“威恩大行”四字。1956年公布为省级文物保护单位。

鲁肃墓，全国有六处，即京口(镇江)、岳阳、龟山、寿县、凤阳、定远(鲁肃祖籍)。据专家考证，后四处是纪念性墓冢，前两座，一个是真墓，一个是衣冠冢，到底哪个是真的?还有待于进一步考证。

位于湖北省武汉市龟山的鲁肃墓(2003年11月)

〔三国吴〕太史慈墓

太史慈(165—206)，字子义，东莱黄(今山东黄县)人。汉末为扬州刺史刘繇部将，勇略过人，猿臂善射，弦不虚发。后归附孙策，辅佐吴主孙权屡立战功。建安十一年(206)，他与曹操部将张辽在庐州(今安徽合肥)交战时，因中箭受伤不治而死，终年41岁。

太史慈墓位于江苏省镇江市北固山公园内。太史慈的死，使吴国失去一员勇将，孙权十分悲痛。因此，特命将其厚葬于京口(今镇江市)的北固山麓。该墓修建年代不详，现墓为三层条石砌筑，呈圆形，上边以砖和水泥筑檐，中间是封土。墓高约1.5米，周长约16米。墓前立一石碑，碑文篆字阴刻“东来太史慈之墓”。墓区虽小，游人不绝。

太史慈墓(1994年12月)

[三国吴] 朱然墓

朱然(182—249)，字义封，本姓施。13岁过继给舅父、吴郡太守朱治，遂改称朱然。在此认识了与他同庚的孙权，二人一同习文练武，结为知己。孙权即位后，任19岁的朱然为余姚长。朱然在此平定了肆虐的山贼，升为山阴令，督五县。不久擢为太守，授兵二千人。公元213年，曹操率军远征濡须，朱然奉命御敌。他坚固工事，积极防御，使敌人久攻不破。后与援军一起进击曹军，获大胜，拜为偏将军。公元219年，从吕蒙攻取荆州，后与潘璋到临沮勇战关羽，两战皆捷，迁昭武将，封西安乡侯。吕蒙病重，孙权问其："卿如不起，谁可代者?"蒙曰："朱然可接己任。"蒙卒，孙权遂授朱然持节镇守江陵。公元222年，刘备举兵攻吴地宜都。朱然与陆逊并力抗击，他攻破刘备前锋，断其后道，使蜀军大败。孙权拜朱然为征北将军，封永安侯。

朱然墓展室(2000年4月)

朱然墓木棺(2000年4月)

公元223年，魏文帝曹丕率10万大军攻江陵，朱然死守。魏军攻城6个月不能克，只好撤兵。从此朱然名震敌国，改封当阳侯。魏国寿春守将马茂降吴后，未得重用，遂密谋叛乱。朱然请缨除逆。他先诱擒马茂，后水陆并进，将叛军一网打尽。孙权拜朱然为左大司马、右军师，荣尊“三公”之首。公元249年春，朱然病故，终年68岁。孙权素服举哀，为之感恸。念其生前功德，命其子朱绩袭任文职。

朱然墓位于安徽省马鞍山市雨水区朱然路，是朱然与其妻妾的合葬墓。该墓是在1984年一次基建施工中发现的，并由考古人员发掘清理。墓葬形制为土坑砖室墓，由封土、墓道、墓坑和墓室四部分组成。墓道为阶梯式，共26级。墓室分前、后两室，各置一黑漆木棺，朱然棺在后室，棺身长2.93米，宽0.92米，高0.73米。前室葬其妻妾，形制较小。棺盖有一盗洞。朱然墓虽早年被盗，仍出土陶器、瓷器、铜器、漆木器140多件，钱币6000枚，木刺(名片)14枚。朱然墓漆器的出土，填补了中国汉末至六朝时期漆工艺史的空白。漆器上的彩绘绚丽多姿，人物形神兼备，栩栩如生，填补了三国时期美术史的空白。

朱然墓发掘后，逐渐扩建为占地11000平方米的朱然墓园，将真实的历史遗迹和仿汉风格的楼、堂、亭、廊建筑荟萃于一园，使其成为江东重要的文化古迹和旅游胜地。

朱然墓地宫(2000 年 4 月)

〔三国吴〕陆逊墓

陆逊(183—245)，三国时期吴国军事家。本名议，字伯言。吴郡吴县(江苏苏州)人。出身士族，孙策婿。历任海昌(浙江杭州东北)屯田都尉，定威校尉。后进兵丹阳(安徽南部及江苏、浙江一部)等郡，得精兵数万，升偏将军。公元219年，助吕蒙奇袭江陵(属湖北)，擒杀蜀将关羽，夺取荆州，升右护军、镇西将军。公元222年，刘备大举攻吴时，他作为率兵5万的大都督，避其锐气，主动后撤，集中兵力于夷陵(湖北宜昌境)、猎虎亭(湖北宜都北)一线，半年不战，待蜀军疲惫，火攻大败之。公元228年，魏大司马曹休举兵10万入皖(安徽潜山)，他率军击败，追至石亭(潜山境)，歼万余人，获车万辆。公元236年孙权攻魏，遣其取襄阳(属湖北)，军机外泄，又逢沔水(汉水)水位骤降，进军受挫，他佯作进攻，并以突袭手段攻战安陆(属湖北)等地，弄得魏军惊疑不定，他却安然还师。为人有谋略，善用兵。后久镇武昌，官至丞相兼上大将军。公元245年卒，终年63岁，谥昭侯。

存放于王港镇政府院内的陆逊墓碑(2000 年 4 月)

陆逊墓位于上海市浦东新区王港镇北。封土堆上生长一棵大银杏树，墓前立“东吴辅国大将陆逊古墓”石碑一通，1933年顾廷桢所立。据说，因为开发浦东修路，要铲平此墓。对陆逊墓的真伪和保留与否有争议，争论结果，同意保留。当文件下达后，墓已推平。现墓碑尚存，保存于老镇政府院内。

〔晋〕杜预墓

杜预(222—285)，西晋军事家。字元凯。京兆杜陵(陕西西安东南)人。魏时曾参相府军事，晋官至司隶校尉。博学多才，除通晓政治、军事外，还熟知经济、历法、律令、工程等，并多有建树。被誉为“杜武库”(意谓无所不有)。公元278年，继羊祜任都督荆州诸军事、镇南大将军，筹划灭吴。他选精兵袭击吴西陵督张政获胜，随又送还所获，使吴主撤换张政，削弱守备。在灭吴之战中，他陈兵江陵(属湖北)，派部将周奇等沿江西上策应王浚，使晋军能实施水陆并进计划。又派部将周旨等率精兵夜渡，奇袭乐乡(湖北松滋东北)俘吴西线统帅、都督孙歆。激励已至西陵(湖北宜昌)的王浚顺流直起吴都建业(南京)，以所部配合东进。灭吴后他又勤讲军备，严求戍守。曾注《孙子》十三篇，并著有《春秋左氏经传集解》及其《释例》等。公元284年，朝廷调他还都辅政，行至邓县病卒。终年63岁。

杜预墓位于河南省偃师市城关乡后杜楼村北。原墓高1.2米，现已不存。尚有清乾隆十一年(1746)立“晋当阳侯杜公讳预之墓”碑一通，碑高约2米，宽0.73米，厚0.15米。

杜预墓碑(2001年3月)

〔西晋〕周处墓

周处墓石刻

周处（240—297），字子隐，西晋名将。义兴阳羡（今江苏宜兴南）人。关内侯周鲂之子。

周处自幼丧父，缺乏家庭管教，他膂力超人，不读书，好田猎，横行乡里。相传乡里父老把他和南山猛虎、长桥恶蛟合称为“三害”。后感乡议，幡然自新，射杀南山虎，斩除长桥蛟，发奋改过，遂除三害。而后到吴郡（今江苏苏州）从陆机、陆云求学。他学习刻苦，注意品德修养，成为东吴东观左丞，转无难督。晋灭吴后，任新平、广汉太守，皆有政绩。历楚国内史，入为散骑常侍，迁御史中丞。他纠劾不避权贵，受到贵戚权臣的排挤。公元296年，授建威将军。次年，在西征羌人战役中战死于六陌（今陕西乾县），终年58岁，葬于宜兴。著有《默语》、《风土记》、《吴书》，均佚。追赠平西将军，清流亭侯，谥曰孝。宋绍兴间赠庙额曰英烈，封忠武公，加封武惠正应王。

周处墓位于江苏省宜兴市宜城镇周墓墩，为周处及其家族墓。墓地是一处南北向隆起的坟丘，占地5.7万平方米，葬有周处祖父周宾、父亲周鲂及其子周札、周靖、周玘等人。周处墓已被发掘，墓葬结构为带甬道的砖室墓，有前、后两室。随葬品以青瓷器为主，出土的青瓷香熏，造型精美奇特，釉色晶莹滋润，堪称艺术佳品。

周处墓(2003 年 4 月)

周处墓墩后有周王庙，原称“英烈庙”、“周孝侯庙”，奉祀周处。公元299年始建，后屡圮屡建。内有石碑20方，其中唐刻《平西将军周府君碑》，碑文前署“晋平原吏陆机撰，右军将军王羲之书”，后署“唐元和六年岁次辛卯十一月十五日承奉守义兴县令陈从谏重树此碑……”等字，当是古碑残后，后人据残碑旧迹恣意补凑成文。庙内石刻还有宋嘉定十七年（1224）立“周孝公像”等。

［南朝宋］刘裕初宁陵

初宁陵石刻

刘裕（363—422），南朝宋开国皇帝，军事家。公元420~422年在位，字德舆，小名寄奴。祖籍彭城（江苏徐州），后迁居京口（江苏镇江）。年轻时务农，兼作樵夫、渔夫及卖履小贩。应募参加东晋北府兵，初为下级将领，公元399年起，随着将军刘牢之镇压浙东农民起义，升任建武将军，下邳太守。公元404年，刘裕被推为盟主，从京口、广陵（今江苏扬州西北）等地起兵，击败桓玄，入建康，被推为使持节，都督扬、徐、兖等八州诸军事，徐州刺史，领军将军。公元405年，拥戴晋安帝复位。公元408年，他任侍中、车骑将军，扬州刺史，录尚书事，控制了朝政。在此后10年间，他灭南燕、后秦，剪除在益州（治今四川成都）称王的割据者谯纵和刘毅、诸葛长民等异己势力。他选拔将领，不拘门第和资历，伐谯纵时，不顾众将反对，任有才华的西阳（湖北黄冈东）太守朱龄石为益州刺史，令率兵攻纵，并让职位高于龄石的妻弟臧熹为其部将。公元418年，受封为相国、宋公，不久派人缢死晋安帝。公元420年称帝，国号宋。公元422年刘裕病逝于建康（今南京），终年60岁。谥武帝。

刘裕

初宁陵位于江苏省江宁县麒麟镇东北1公里，陵高一丈四尺，周围三十五步。原陵墓已毁，封土无存。陵前尚有石刻两件，东为天禄，西为麒麟，有部分残损，1956年进行过整修加固。整修后的天禄高3米，身长3米，宽1.2米；麒麟高2.75米，长3米，宽1.2米，尾断臀裂。两兽环目张口，舌尖上翘，两翼刻鳞翅纹，作振奋欲飞之势，浮雕精致，别具风格。初宁陵石刻为全国重点文物保护单位。

［南朝梁、陈］冼夫人墓

冼夫人墓(2001 年 3 月)

冼夫人 (522—601)，南朝梁、陈至隋朝时期，岭南少数民族首领。女将。广东电白人。俚族，统部落十余万家。冼夫人与高凉太守冯宝结婚后，协助丈夫处理政务。她足智多谋，善于用兵。侯景之乱时，高州刺史李迁仕起兵反梁，并派人招冯宝共谋。冼夫人劝丈夫将计就计，遣使应允，随后她率军千余人，佯为送礼，巧取高州。梁、陈交替时，岭南局势动荡，她为减少战乱，奔走劝说诸州，所至皆服。公元569年，广州刺史欧阳纥反陈，冼夫人发兵拒境，并于次年助陈朝打败欧阳纥。隋文帝杨坚灭陈，冼夫人为之感伤，但她能审时度势，派孙冯魂带兵助隋将韦洸进入广州。不久，又派孙冯盎和隋军一起打败了围困广州的番禺地方势力。她历经梁、陈、隋三代，对中国的统一事业和岭南各族人民的融合，作出了较大贡献，曾被陈封中郎将，隋封谯国夫人。隋仁寿元年，卒于岭南，终年80岁。次年，归葬娘家。

冼夫人庙(2001 年 3 月)

冼夫人墓位于广东省电白县电城镇山兜村之原。墓平面正方形，总面积8500平方米，周围土墙遗迹可辨。现存有柱础、瓦当、石龟趺、石鼎、石烧纸炉和清嘉庆年间立“隋谯国夫人冼氏墓”碑一通。墓前有冼夫人庙，始建于明，为两进四合院布局，内塑冼夫人像。庙前有直径约1米的凤凰树两株。

〔北周〕文帝宇文泰成陵

北周文帝宇文泰（505—556），小字黑獭。北周的实际创建者。鲜卑族。其子宇文觉称帝后，追遵为太祖，谥文帝。

北魏末年六镇起义中，宇文泰参加鲜于修礼和葛荣的起义军。后降北魏大将尔朱荣，跟从贺拔岳镇压了万俟（mò qí）丑奴起义。公元534年贺拔岳死，他为主帅。北魏孝武帝受高欢所逼。西奔长安，任命其为大将军。次年，宇文泰毒杀孝武帝，立元宝炬为帝，建立西魏。他任丞相，专擅朝政，被封为周公。宇文泰善于谋略和指挥。他曾以不满万人的兵力，击败东魏10万人的进犯。执政期间，整顿吏治，裁减冗员，兴办屯田，创立府兵制，使西魏强盛。公元556年病死，终年52岁，葬于成陵。

成陵位于陕西省富平县宫里乡宫里桥村，在乡小学院内。墓为圆丘形封土，底径约40米，残高约8米。墓前有北宋开宝六年（973）“大宋新修后周太祖文皇帝庙碑”及清陕西巡抚毕沅书“北周文帝成陵”碑各一通。宋碑于1966年被毁成数段。另有石蹲狮一件，高2.05米，长1.85米。现藏西安碑林博物馆。

宇文泰成陵（1994年9月）

［北朝北齐］高肃墓

高肃（?—573），字长恭，又名孝，勃海涤（河北景县）人。北齐神武皇帝高欢之孙，文襄皇帝高澄第三子，北齐名将。音容皆美，武艺高强。

北齐乾明元年（560）三月，高肃被封为兰陵（山东枣庄市东南）郡王，故称兰陵王。后因屡建战功，封邑1500户转中领军，加开府仪同三司等职。

高肃墓(2000 年 9 月)

兰陵王为人亲兵远色，英俊和善。他十分关心部下，就是一瓜数果，也要与将士共分享。一次，皇帝送给他20名美女，他只选受其一，余者退回。由于他面孔和善，每次对阵，敌人并不怕他。因此，他制做了凶恶的假面具，每逢出战戴在脸上，敌人见了便有畏惧感。后来在与周军的几次作战中，由于他的正确指挥和假面威势，屡屡获胜。每当班师，举国同庆，并把他勇猛冲锋陷阵的举动，编成《兰陵王入阵曲》，边舞边唱。公元573年5月，皇帝高纬（兰陵王的堂兄弟）怕兰陵王将来夺取皇位，便命人将他毒死。

兰陵王高肃墓，位于河北省磁县城西南刘庄村路口，坐北朝南。墓高约10米，周长约80米。封土北部因修公路挖掉一半。墓前有兰陵王立体塑像，身穿铠甲，手提面具，威武英俊。墓南30米有碑楼，石碑高3.4米，宽1.2米，厚0.34米。碑额阳篆“齐故假黄钺太师太尉公兰陵忠武王碑”，碑文隶书，介绍兰陵王生平。

《兰陵王入阵曲》，在唐代传入日本，受到日本人民的欢迎，每逢重大节日，都要演奏这支舞曲。1986年，我国考古工作者出访日本时，将失传1300多年的《兰陵王入阵曲》的录音和木制假面的照片带回故土，为研究我国古典乐舞增添了珍贵资料。

花木兰墓

位于陕西省延安市的花木兰墓(1996 年 7 月)

花木兰，中国古代将军。俊美大方，善骑射。有一天，木兰正在家中织布，府衙里送来征兵的名册，要征木兰父亲去当兵。这件事，使全家人愁眉不展。一向多谋的木兰此刻也在想，父亲年迈体弱，怎能行军打仗，再说父亲走了，家里生活靠谁呢？想来想去，她终于想出了自己女扮男装替父从军的办法。开始父母怕女儿受不了行军之苦，舍不得她走，但又没有别的办法，最后还是采纳了木兰的主意。

位于安徽省亳州东城外的花木兰墓(1994 年 12 月)

木兰女扮男装，跨上战马，拜别父母、弟妹，跟随队伍上了前线。她早上离开家，晚上就来到黄河边；次日离开黄河边，晚上就到了黑山头。为了不被人看出女扮男装的秘密，她行军不掉队，夜晚和衣眠，打仗冲在前。木兰作战勇敢，屡立奇功，赢得官兵的赞扬。当兵十二年，从士兵一直升到将军。

战争结束凯旋。皇帝召见木兰，要封以高官，木兰婉言谢绝。她骑着御赐的骏马，在战友的护送下回到了家乡。父母听说了，相互搀扶着到村外迎接，弟弟杀猪宰羊，慰劳为国立功的姐姐。

木兰回到自己卧室，脱下战袍，换上女装，梳好头发，戴上头花，然后出来向护送她的战友们道谢。战友们见木兰一身女装，都万分惊讶，没想到与木兰同行十二载，她竟是一位俏俊的巾帼英雄。木兰还乡后，重理机杼，纺织依旧。传说终年80岁。

花木兰墓有两处，一在安徽省亳州东城外的王占庄。封土为圆丘形，高约3米，周长约40米。墓前立“汉孝烈将军花木兰之墓”碑一通，雕有木兰还乡时身着戎装塑像；另一处在陕西省延安市的万花山中。建有木兰陵园，占地两亩。墓前立“花将军之墓”碑一通。再前为花木兰骑战马穿铠甲的雕塑像。其下方是《木兰辞》石碑。园内还有咏木兰诗词石碑数通。

花木兰其人，宋以前的正史无载，但唐以前就流传着她的故事了。所以，对她的姓氏、籍贯，生在什么年代，在何处与何人作战等问题，历来众说纷纭。但有关她的事迹，说法大体一致，被后人写进诗文，编成戏曲，画成图册，广为传扬。

花木兰墓前的雕像(1994 年 12 月)

〔隋〕韩擒虎墓

韩擒虎墓(2000 年 9 月)

韩擒虎墓前残破的望柱石像

韩擒虎 (538—592)，隋朝名将。原名豹，字子通，河南东垣 (河南新安东) 人。北周大将军韩雄之子。以具有胆略雄威见称。曾任都督、刺史等职，袭爵为新义郡公。公元581年，文帝杨坚即位，命他为庐州总管，镇守江北要地庐江 (安徽合肥)，作灭陈准备。公元588年冬至次年春，他为攻陈先锋，从右翼进击陈都建康 (南京)，夜渡长江，袭占采石 (今安徽马鞍山市西南)，半天内克姑孰 (今安徽当涂)，再进军新林 (南京西南)。江南父老登门拜访者连续不绝。陈军惧，任忠等相继投降。他率500精骑，由任忠引入朱雀门，占建康城，俘后主陈叔宝。功迁上柱国。后以行军总管屯金城 (甘肃兰州)，旋任凉州总管，以御胡人。后还京病卒，终年55岁。

韩擒虎墓位于河南省滑县城东33公里的赵营乡三韩村东。墓冢呈椭圆形土丘状，东西长100米，南北宽80米，高7米。其下为黑灰土层。墓前建有5间双顶的韩擒虎祠，内供韩擒虎塑像。祠前有散存的残损石刻数件。该墓为县级文保单位。

韩擒虎祠(2000 年 9 月)

〔隋〕杨素墓

杨素（?—606），隋朝名将。字处道，弘农华阴（陕西华阴东南）人。北周汾州刺史杨敷之子。少时落拓有大志。周武帝时任司城大夫、车骑大将军。隋文帝灭陈时，他率水军从三峡东下，功加上柱国，封越国公。公元590年，他任行军总管，平定荆州和江南反隋势力。先击败朱莫问部，又俘获沈元恰，再击平蔡道人，复破沈孝彻军，最后迫王国庆擒高智慧降隋。后任尚书左仆射，执掌朝政。他参与宫廷密谋，废太子勇，拥立炀帝。被封楚国公，官至司徒。为人以智诈出名，在朝贵盛无比。公元606年病死。

杨素墓位于陕西省潼关县吴村乡亢家寨村。占地面积约500平方米，封土于"文革"期间被夷平。出土石门两扇，墓志一方。石门镌刻两个不同姿态的画像，门额题"天官赐福"四字。墓志青石质，长1.02米，宽0.92米，厚0.14米。边栏线刻鸟兽云纹。志文楷书，记杨素生平。志盖刻"大隋纳言上柱国光禄大夫司徒公尚书令太子太师太尉公楚景武公墓志铭"。现藏于县文管会。

杨素墓志(2001 年 4 月)

〔隋〕李密墓

李密（582—618），隋末瓦岗起义军首领。字玄邃，一字法主，京兆长安（今陕西西安）人。隋上柱国、蒲山公李宽之子。公元613年，参与杨玄感起兵反隋。失败后被捕，在押送途中逃脱。公元616年，投奔瓦岗起义军，游说翟让联合附近各路义军，并设计在荥阳大海寺丛林击杀隋将张须陀。从此，深得翟让的信任，自统一军，号蒲山公营。617年，取得瓦岗军的领导权，称魏公，年号永平。他大量起用隋王朝的降官降将，并杀害翟让，对瓦岗军起了极大的破坏作用。公元618年，东击宇文化及，迫其大部瓦解归降。后为王世充所败，降唐。不久，以反唐罪被杀于长安。终年37岁。

李密墓位于河南省卢氏县官道口镇三官庙村南。占地约1.5万平方米。墓呈覆斗形，残高14米，周长约100米。墓西角被洪水冲毁。

残败的李密墓(2001 年 4 月)

〔唐〕李靖墓

李靖（571—649)，唐朝军事家。字药师，京兆三原(属陕西）人。少时研读孙吴兵法，受其舅韩擒虎等将的影响和赏识。隋大业末年任马邑（山西朔县）郡丞，曾与太原留守李渊有隙。李渊攻占长安，他被执将斩，渊见其胆识过人，释之，被秦王李世民召入幕府，他随世民作战，功授开府。公元619年，他入蜀协助赵郡王李孝恭筹划消灭南方最大割据势力萧铣，先在川东击败当地部族首领对孝恭的进攻，得李渊信任。公元620年冬，萧铣内部倾轧，他向孝恭献平铣之策。公元621年，他任行军总管兼孝恭长史，在平萧铣之战中助孝恭统十二总管兵，取胜，升为上柱国，任岭南道抚慰大使，招抚岭南96州。公元623年，杜伏威余部辅公祏石据丹阳(今南京）反唐，他奉命协助孝恭统七总管兵前往镇压，以主力设伏，一部兵力攻其城栅，诱其出击，大败辅军，占领当涂，直趋丹阳，俘获弃城东走的辅公祏石。公元626年太宗即位后，他先后任刑部尚书、检校中书令、兵部尚书。公元629年，东突厥诸部内乱，他奉命统六总管兵击东突厥，与并州都督密切配合，经两次出其不意的袭击，消灭颉利可汗的主力，后俘颉利。同年8月任右仆射。公元634年吐谷浑扰唐，64岁已辞官的李靖自愿请行，被任为西海道行军大总管，统五总管兵西征，取得胜利，封卫国公。辞官后，太宗仍经常征询他对军国大事的意见，并与之论兵法。在《通典》和《太平御览》中，保存有他所著兵法的部

李靖墓(2000 年 10 月)

分内容。宋神宗将记述唐太宗和李靖谈兵的著作《李卫公问对》定为武经七书之一。李靖用兵“临机果，料敌明”。有人称他“才兼文武，出将入相”。公元649年病逝，终年79岁，陪葬昭陵。

李靖墓位于陕西省礼泉县烟霞乡官庭村，俗称“上山冢”。封土仿突厥内的阴山和吐谷浑内的积石山形而筑，以旌扬李靖对突厥、吐谷浑用兵的战功。现墓高12米，底部东西长72米，南北宽70米。墓前原有翁仲、虎、羊等石刻，现多已不存。公元658年立墓碑一通。石碑螭首，方趺，通高4.3米，宽1.22米，厚0.4米。许敬宗撰文，王知敬书丹，笔力韶秀，工整有劲。此碑为国家一级文物，现藏昭陵博物馆，供游人瞻仰。

藏于昭陵博物馆的李靖墓碑

李靖墓神道石人(2000 年 10 月)

〔唐〕李道宗墓

李道宗（600—653），字承范，唐初将领。祖籍陇西成纪（今甘肃秦安）人。为唐高祖李渊堂侄，勇敢善战，机警有谋。公元616年，随李渊在晋阳（今山西太原）起兵反隋。公元618年，封略阳郡公，从秦王李世民征讨窦建德，攻平王世充，立有战功。公元622年，授灵州（治所在今宁夏灵武西南）大总管，时梁师都引突厥来攻，被李道宗击退，乘胜追逐，开拓疆界千余里，以功封任城王。公元629年，为大同道（今属山西）行军总管，与李靖出师大破突厥，俘颉利可汗，召拜刑部尚书。后为西海道行军副总管，出师击吐谷浑获胜。公元638年，迁礼部尚书，改封江夏王。不久因贪赃下狱，免官削爵。次年起为茂州（今四川茂汶）总管，转晋州（今山西临汾）刺史。公元640年，复拜礼部尚书。次年，护送文成公主到吐蕃与松赞干布成婚。公元644年，李道宗随唐太宗进攻高丽，与李祐同为前锋，攻城破敌皆有功。又向太宗建议请给5000精兵奇袭平壤，不被采用。公元647年，转任太常卿。晚年结交贤士，不以势骄人。公元653年，李道宗为当朝大臣长孙无忌、褚遂良等诬陷流配象州（今广西柳州东南），病死途中。年54岁，葬于龙泉山。

李道宗墓位于湖北省武昌市江夏区龙泉山的明楚昭王（朱元璋第六子朱桢）墓东墙外。李道宗被封江夏王后，其子孙也迁居于江夏。他还先后在龙泉山修造“紫萼园”、“珍珠塔”等建筑。死后葬于龙泉山天马峰下。在楚昭王妃墓之北。据《楚天名胜龙泉山》一书介绍，原来墓保存完好。现已不存，据说当地政府准备重新修复李道宗墓，以供游人瞻仰。

李道宗墓遗址(2001 年 10 月)

〔唐〕周护墓

周护 (583—657)，字善福，汝南 (河南省汝南) 人，唐朝辅国大将军。

周护以门荫在隋朝入仕，官至左御卫鹰扬郎将。大业十三年 (617)，李渊父子太原起兵，周护“杖策而谒天子，借箸以算诸侯”，投入了李渊灭隋的队伍，即授正仪大夫，行军总管。曾参与了攻克长安，西讨薛举，北拒刘武周，东灭王世充、窦建德等重大战役。周护在唐政权中也算元老功臣。至晚年，积勋上柱国，爵封嘉川郡公，官至左骁卫大将军。显庆二年 (657) 病逝，终年75岁，赠辅国大将军、荆州都督，谥襄，陪葬昭陵。

周护墓位于陕西省礼泉县烟霞乡西屯村东。墓呈圆丘形，残高8米，底径40米。1974年于墓南出土墓碑一块，六螭首，座趺，碑高3.7米，中宽1.07米，厚0.33米。许敬宗撰文，王行满正书，书体精劲秀丽，现藏昭陵博物馆内。

周护墓(1996 年 9 月)

〔唐〕张士贵墓

张士贵（586—657），字武安，河南卢氏人。唐初左领军大将军，善骑射。

张士贵墓(2000年10月)

张士贵是隋朝末年蜂起的群雄之一。李渊父子太原起兵后，张士贵就“遣使输款”表示归附，被李渊拜为“右光禄大夫”。他曾参与了北拒刘武周，东讨王世充等重大战役，在唐的统一战争中屡立战功。贞观年间，曾以行军总管的身份，先后参与了对薛延陀及高丽的战争。公元633年，赴岭南镇压“獠”反。后来，张士贵官至左领军大将军，进封虢国公。公元657年病逝，终年72岁。赠辅国大将军，谥襄，陪葬昭陵。

保存在昭陵博物馆内的张士贵墓志

张士贵墓位于陕西省礼泉县烟霞乡马旗寨村。封土为圆丘形，高约7米，周长约80米。该墓早年被盗，1972年发掘。墓室略呈方形，长4.3米，宽4.05米，高4.7米。出土墓志、陶俑、铜锁等各类文物400多件。墓志现藏昭陵博物馆内，墓志文是由著名的文学家、史学家、宰相上官仪撰写，对张士贵一生作了高度评价。

〔唐〕李勣（徐懋功）墓

李勣 (594—669)，唐朝军事家。本姓徐，名世勣，字懋功，后赐姓李，因避太宗讳，单名勣。祖籍离狐 (山东东明)。隋末，他随农民军首领翟让起义，曾献策出兵荥阳、宋州 (河南商邱南)，在汴水 (河南荥阳西南索河) 夺取往来船只物资，以解决起义军的军需供应。后又建议李密掩袭黎阳仓，壮大了起义军力量，被授予右武侯大将军。瓦岗军失败后归唐，任黎州总管、上柱国，封曹国公。公元621年，他随秦王李世民迫降王世充，镇压窦建德等起义军，累迁左监门大将军。李世民继位，他任并州都督。公元629年，为通汉道行军总管，率军大败突厥军于白道 (呼和浩特西北)。后与李靖谋，趁东突厥颉利可汗懈而不备，以精骑奔袭并从背后堵截，歼其部众于阴山。授光禄大夫，行并州大都督府长史。公元637年，改封英国公。他驻守并州 (太原) 16年，被太宗誉为长城。公元641年，授兵部尚书。不久，他率精骑六千大破薛延陀骑兵三万于青山。公元646年，又败薛延陀军于郁督军山。高宗即位后，授左仆射、司空、太师。他曾两次参与进攻高丽。史称李勣行军用师，多谋善断，临敌应变，合于事机，与人议事，闻善则从，战胜多归功于下，故人乐为用，所向多捷。公元669年病卒，终年76岁，陪葬昭陵。

李勣墓位于陕西省礼泉县烟霞乡西屯村，俗称“下山冢”。共起山形封土三座，呈“品”字形排列，象征阴山、铁山、乌德鞬建山，“以旌其功”。墓前置石翁仲一对，石虎、石羊各三件。正南有碑一通，螭首，龟趺，通高5.65米，宽1.78米，厚0.54米。唐高宗李治撰、书，书体秀逸洒脱，有王羲之风韵。墓曾被盗。20世纪60年代发掘，出土彩绘陶俑、铜器等遗物30余件。其中三梁进德冠，是中国目前发现的年代最早的进德冠；墓内壁画“歌舞图”，是研究唐代舞蹈的珍贵实物资料。李勣墓现为昭陵博物馆所在地。

保存在昭陵博物馆内的徐懋功墓碑

〔唐〕尉迟恭墓

飞白书拓片

尉迟恭 (585—658)，唐初名将。字敬德。朔州善阳 (山西朔县) 人。以武勇著称。隋末镇压过农民起义。后随刘武周为偏将。公元620年降唐，任右一府统军，随李世民击败据洛阳称帝的王世充，并镇压窦建德等起义军。与世充之战，世民以500骑察看地形，被对方万余步骑围住，他跃马横槊，掩护世民冲出重围。在与刘黑闼起义军作战中，他率壮士破围而入，拼死冲杀，保世民杀出重围，功授秦王府左二副护军。公元626年，助世民夺取帝位，亲手射杀齐王李元吉，为第一功，授右武侯大将军，封吴国公。贞观初，任泾州道行军总管击东突厥，泾阳 (陕西泾阳) 一战，他轻骑挑战，杀敌名将。后任襄州都督等职，改封鄂国公。公元643年上表请求归养，授开府仪同三司。晚年闲居，杜门谢客。公元658年病卒，终年74岁，陪葬昭陵。

尉迟恭墓位于陕西省礼泉县烟霞乡烟霞新村，在昭陵博物馆院外东侧。封土为圆丘形，夯筑，高8.8米，底径26.5米。墓前立碑，高4.55米，宽1.49米，厚0.52米。许敬宗撰文，王知敬书。墓早年被盗。20世纪70年代初发掘，为斜坡墓道四天井砖室墓，全长56.3米，前后墓室均呈方形，前室长2.6米，宽2.5米，高3.7米；后室穹隆顶，边长5.1米，高5.35米。墓室设有石门，后室置石棺床，雕刻精美。出土墓志、陶俑、陶器、瓷器、铜器等文物多件，其中墓志盖的“飞白书”，为书法史上的稀世珍品。志盖上25字：“大唐故司徒并州都督上柱国鄂国忠武公尉迟府君墓志之铭”。这些字书写点画丝丝露白，如绢迎风，舒卷自如，故称“飞白书”，又叫“飞帛书”。传说为大书法家蔡邕所创。这一民族瑰宝，在昭陵碑林中以独特的魅力吸引着八方游客。

尉迟恭墓(1998 年 5 月)

〔唐〕郑仁泰墓

郑仁泰 (601—663)，河南开封人。唐初右武卫大将军。郑仁泰17岁时，就跟从李渊父子起兵南下，在建立李唐王朝的统一战争中，多立战功。在玄武门之变中，郑仁泰作为李世民的亲信，也积极参与了这场争夺政权的斗争。他以军功起家，从小校起步，历任秦王府帐内旅师，左屯卫将军，右武卫大将军，授上柱国，封同安郡公。郑仁泰历唐初三代皇帝，他一生中的主要活动，与李世民父子统治政权中的重大事件有着密切的关系。公元663年，郑仁泰病逝于凉州任上，终年63岁，陪葬昭陵。

郑仁泰墓位于陕西省礼泉县烟霞乡马旗寨村。封土为圆丘形，夯筑。高约11米，周长约80米。墓前有虎、羊和华表等石刻。该墓曾被盗，发掘后出土石椁、墓志、镇墓兽、各类俑、瓷器、铜器、石刻等遗物532件。其中线刻石椁长3.2米，宽1.7米。

郑仁泰墓(2000年10月)

〔唐〕程知节墓

程知节（?—665），唐初名将。本名咬金。济州东阿（山东东阿西南）人。骁勇，善用马矟。隋末，随李密参加瓦岗军，任内军骠骑。密败，又附据洛阳的原隋将王世充。后弃之投唐，任秦王府左三统军兼任左一马军总管，每为先锋，功封宿国公。公元626年，遭太子李建成和齐王李元吉诬陷，调任康州刺史，他面陈世民，拒不赴任，并力促世民杀太子及齐王。世民承继帝位后，他历任右武卫大将军、泸州都督、左领军大将军等职，改封卢国公。公元643年转任左屯卫大将军，加镇军大将军。公元655年5月，受命为葱山道行军大总管，攻西突厥。公元656年初出师，年末兵至鹰娑川（新疆新源南），因坐失战机被免职。不久，授岐州刺史。公元665年病逝，陪葬昭陵。

程知节墓(1997 年 9 月)

程知节墓位于陕西省礼泉县烟霞乡上营村。封土呈圆丘形，高10米，底径20米。早年被盗。1986年发掘，为斜坡墓道五天井四龛土洞墓。墓道长50米，宽1.9米，两壁有武士持戟壁画。出土有墓志、仪仗俑、文官俑、侍女俑等200余件。为省重点文保单位。

瓦岗寨遗址

〔唐〕陈元光墓

陈元光墓石刻

陈元光（657—711），字廷钜，号龙湖，唐朝将领。光州固始（今河南固始）人，唐总章二年（669），随父陈政率府兵入闽，镇压漳、潮地区蛮僚（畲族先民）反抗。陈政在绥安辖地云霄戍边战死，陈元光奉命承袭父职，授岭南行军总管。他率领姐夫林孔智、钟发兴，女婿戴君胄、卢伯道和前锋将许天正，分营将马仁、李伯瑶等123员部将平息绥安之乱，立下丰功伟绩，被封为开漳圣王。垂拱二年（686），上书《请建州县表》，建议在泉、潮二州之间建立漳州。获准后，被任命为漳州刺史。在位期间，厉行法制，实行移民，鼓励垦荒，兴修水利，兴办学校，使漳州日臻繁荣。景云二年（711），被起义军首领蓝奉高击杀。终年55岁，葬于石鼓山。著有《玉钤集》。

陈元光墓位于福建省漳州市浦南镇吴浦村的石鼓山。陈元光死后，原葬于绥安溪大峙原，贞元二年（786），改葬于今址。占地面积约4000平方米，建有三门八柱三楼石牌坊一座，上额书“开漳圣王陈元光陵园”。距牌坊约100米为墓冢，呈圆丘形，四周砌以块石。高约1.8米，周长约16米，墓前立大白石碑，上书“唐开漳陈将军墓”。墓前有四个拜台和羊、虎、马、翁仲石刻四对。再前建有碑亭，亭内立“开漳亭碑记”碑一通。墓右方建有纪念馆，内展陈元光的画像和事迹。

陈元光墓(2003 年 3 月)

〔唐〕安金藏墓

安金藏墓(2002 年 10 月)

安金藏（生卒年代不详）。唐朝将军。京兆长安（今陕西西安市）人。

公元689年九月九日，武则天正式登基做了皇帝，将李旦降为皇嗣。从此，便产生了武氏诸王与李氏争夺皇位继承权的问题。有人诬告李旦有异谋，武则天即命来俊臣审讯李旦左右的侍从。酷刑之下，有人承认有谋反之罪，惟有太常乐工安金藏不愿自诬，并谒力为李旦辩护。他大声对来俊臣说：“公既不信金藏言，请剖心以明皇嗣不反。”说着，便“引佩刀自剖其胸，五脏并出，血流被地，因气绝而仆”。来俊臣见状，一面派人告知武则天，一面命太医抢救。武则天闻报，亲到现场察看，此时安金藏已昏死过去，武则天命用御辇将他抬入宫中，着御医细心抢救。御医将安金藏的内脏整理好装入腹内，用桑皮线缝合，敷上药，过了一夜方才苏醒。武则天又去探望，他虽不醒人事，口中仍在说“皇嗣不反”。武则天非常感动，说：“吾子不能自明，不如尔之忠也。”立即命来俊臣停止审问皇嗣一案。李旦方才免遭诬陷之罪。

公元710年六月二日，中宗李显被韦后毒杀。李隆基发动政变，拥睿宗李旦即皇位。李旦感激安金藏舍身相救之恩，将他擢升右武卫中郎将。李隆基登基后，“追思金藏忠节，下制褒美，擢拜右骁卫将军，乃令史官编次其事”。公元732年，玄宗又特封代国公。后来，安金藏老病而卒，葬于永寿。追赠兵部尚书。

安金藏墓位于陕西省永寿县监军镇安驾宫村。封土为圆丘形，底径7米多，高约2.5米。墓前立清乾隆四十一年（1776）陕西巡抚毕沅书“唐代国忠公安金藏墓”石碑一通。

〔唐〕王忠嗣墓

王忠嗣（706—750），唐代名将。原名王训，华州（今陕西华阴）人。出身将门，其父在征讨吐蕃的作战中阵亡，被收养在玄宗宫中，沉毅寡言，勇武善战。数从征河东、河西，屡立战功，累迁左武卫将军。后从赴河西，数战吐蕃，军功卓著，拜左金吾卫将军，领河东节度使、大同军使。公元741年，任朔方节度使兼灵州都督，多次出兵攻破突厥。公元746年，任河西，陇右节度使，权知河东、朔方节度使，控制边防数千里，天下劲兵重镇皆在其掌握之中。他数次出兵，与吐蕃战于青海、积石，又出击吐谷浑，皆获大捷。忠嗣功名日盛，权相李林甫恐其入相，深忌之。公元747年，玄宗令其攻吐蕃石堡城，他以石堡城险固，非杀万人不能克，而得之未足以制敌，不得亦无害于国，不愿以数万生命争一城。李林甫乘机诬陷忠嗣有逆言，下狱当死。大将哥舒翰力请陈冤，贬为汉阳（今甘肃礼县）太守。公元750年病卒。年仅45岁。

王忠嗣墓位于陕西省渭南市丰原乡木张村东南1公里处，原封土很大，呈覆斗状。由于逐年被蚕蚀，现封土呈圆丘形。墓高约8米，周长约120米，底边有盗洞。现为区文保单位。

王忠嗣墓(2000 年 10 月)

〔唐〕郭子仪墓

郭子仪墓(2000年11月)

郭子仪 (697—781)，唐朝杰出将领。华州 (陕西华县) 人。天宝初以武举补左卫长史，后官至兵部尚书，太尉兼中书令，曾出任天下兵马副元帅，封汾阳郡王，被德宗李适尊为“尚父”。公元755年，安禄山叛乱，他任朔方节度使出兵单于府 (内蒙古和林格尔北)，击败安部将高秀岩，进围云中 (山西大同)，出井陉 (河北井陉西北)，收复常山 (河北正定) 等地。公元756年与李光弼以深沟高垒，疲惫叛军，多次击败史思明部，恢复河北十余郡。公元757年率军攻占河东，率唐军及回纥军15万人在香积寺 (长安南) 大败叛军，收复长安。乘势东进，兵临陕州 (河南三门峡市)。他以回纥兵迂回抄袭，击溃叛军主力，迫叛军弃洛阳逃走。公元758年攻破卫州 (河南汲县)，与八节度使进围邺城 (河南安阳)。兵败被解除兵权。公元763年仆固怀恩反唐，吐蕃、回纥兵进犯，他被起用领兵。公元765年说服回纥反戈，大败十万吐蕃军，稳定了关中局势。因军队缺粮，他于公元766年亲率河中军垦荒屯田，使军中食有余粮。郭子仪精于谋略，用兵持重，治军宽严得当，深为部下敬服。他善待回纥，取得少数民族对唐的支持。他历事四朝，曾提出削减冗官、选贤任能和轻徭薄赋的主张，对唐的巩固做出了贡献。公元781年病卒，终年85岁，陪葬建陵。

郭子仪墓位于陕西省礼泉县昭陵乡坡杨村。封土为圆丘形，夯筑。原来较大，高9米多。现墓高约3米，周长约25米。墓前尚有明代巡按陕西监察御史毕懋康立“唐汾阳王郭子仪之墓”碑一通。

〔唐〕李光弼墓

李光弼墓碑

李光弼（708—764），唐朝杰出将领。柳城（辽宁朝阳）人。契丹族。将门之子。初任左卫郎，后任节度使，官至太尉兼侍中、天下兵马副元帅（759年），封临淮郡王。公元756年初，经郭子仪推荐为河东节度副使，率兵东出井径（河北井陉西北），参与平定安史之乱。攻破常山（河北正定）、九门（河北藁城西北）等地。与郭子仪大败史思明部于嘉山（河北曲阳境），进围博陵（河北定县），军威大振。公元757年任北都留守，史思明、蔡希德率兵十万来攻，他以不满万人之兵力，在城外凿壕，挖出的土作坯数十万，加固城垒。敌攻城，用大炮发巨石击之，暗掘地道陷之，叛军不敢近城。史思明北返，他乘隙出击，大败蔡希德，歼其部众7万，守住了太原。史思明军突然渡河，陷汴州（开封），逼洛阳。因兵力对比悬殊，乃弃洛阳，守河阳（河南孟县南），威胁叛军侧翼。公元761年朝廷强令收复洛阳，叛军尚锐，他兵败邙山（洛阳北），乃退保闻喜（山西闻喜东北）。后出镇临淮，统河南诸道军反攻叛军，配合仆固怀恩等收复洛阳。他曾参与镇压浙东袁晁领导的农民起义军。李光弼刚毅果断，用兵灵活，尤以防御作战见长。他治军严整，所部屡战不殆，曾不顾敕令斩了不服军令的御史崔众、左厢兵马使张用济等。在任河南诸道副元帅时，受到朝廷猜疑。广德二年（764）抑郁而死，终年57岁。赠司空，谥武穆。

李光弼墓位于陕西省富平县觅子乡别家堡村的西北约1公里处。占地面积1575平方米，原封土已夷平，局部沉陷地下。尚存碑两通。其一为大历三年（768）“大唐赠司空李府君神道之碑”，六螭首，高4.03米，宽1.3米，厚0.4米。碑文隶书，22行，满行34字，书法挺秀严整，遒劲流畅。杨炎撰文。其二为清乾隆年间陕西巡抚毕沅隶书“大唐太尉李公光弼之墓”碑，富平县令吴文鳌立。李光弼墓为省级重点文保单位。

〔唐〕李晟墓

李晟（727—793），唐朝名将。字良器。洮州临潭（属甘肃）人。18岁从军，初在西北边镇任裨将，屡立战功，后调任右神策军都将。德宗时，率军讨伐藩镇田悦、朱滔、王武俊的叛乱。朱沘叛据长安，自称大秦皇帝，唐德宗被迫迁出都城长安。他回师击败朱沘，收复京城长安。任凤翔、陇右节度使，兼四镇、北庭行营副元帅，封西平郡王。李晟在军四十余年，始终勇敢善战。他治军依法，严肃不苟，虽屡建大功，并不居功自傲，为唐王朝的巩固做出了贡献。公元787年，唐德宗听信谗言，解除他的兵权，李晟对此泰然处之。公元793年8月病逝，终年67岁，追赠为太师。

李晟墓碑(2001 年 3 月)

李晟墓位于陕西省高陵县白象村渭水桥北端，即当年平朱沘时驻军处。墓呈圆锥形，夯筑。高5米，直径15米。墓前立碑一通，为青石质，螭首，龟趺，通高5.5米，宽1.48米。大和三年（829）立。额篆“唐故太尉兼中书令西平郡王赠太师李公神道碑”。集贤殿大学士裴度撰文，翰林侍书学士柳公权书丹并篆额，楷书，记载李晟生平、功业。碑文已漫漶，经磨石重剜，笔法韵味稍减。该碑因撰文、书丹、刻工绝佳，亦称“三绝碑”。李晟墓现已不存，碑已迁至高陵县一中学校院内，并修碑亭，妥为保存。

［后唐］李克用陵

李克用（856—908），本姓朱那氏，唐赐李姓，别号李鸦儿，一目失明，又号“独眼龙”。唐末据有太原的强藩，后唐奠基者。沙陀族。陇西成纪人。其父朱邪赤心，为振武（治所在今内蒙古和林格尔西北）节度使。

李克用陵前的石刻

李克用15岁随父冲锋陷阵，军中称为“飞虎子”。后为云中（今山西大同）守捉使，他利用荒年军食不充，发动兵变，杀主将，据云州。公元880年，为唐军所败，与父逃入鞑靼部。次年，奉诏镇压黄巢起义军，被封为河东节度使，从此割据一方。公元884年，东下击败黄巢起义军。还军过汴州（今河南开封）时，几乎为宣武（汴州）节度使朱温所害，从此与朱温结下深仇。次年，与河中节度使王重荣击败盘踞关中的朱玫、李昌符，进犯长安，纵火大掠，僖宗出逃。公元890年，朱温与宰相张浚讨伐河东，为李克用所败。第二年，唐朝恢复他的官爵。公元895年，封为晋王。从此，发誓忠于唐朝。蜀王王建曾约他，在各自占据地称帝。他回答说：“我活着，就决不失节！”他长期与朱温交战不休。朱温称帝后，他仍打着兴复唐朝的旗号与梁相争。公元908年，病死于晋阳。终年53岁，葬于代县。

李克用陵塌陷的地宫(1996 年 9 月)

其子李存勖称帝后，追谥武皇帝，庙号太祖。

李克用陵位于山西省代县阳明堡镇七里铺村北。该陵墓于金代天眷年间，被柏林寺和尚盗掘，以后元、明、清又多次被盗。1975年整田平地时，封土被掘。1985年发掘。墓室为圆角方形，石券穹窿顶。直径9.7米，壁饰彩绘石雕门窗，底石砌须弥座棺床。出土有墓志铭和部分遗物，地面尚存石羊两件和“晋王李克用墓”石碑一通。

〔后晋〕石敬瑭显陵

石敬瑭

石敬瑭（892—942），后晋王朝的开国皇帝。沙陀部人，善射。后唐时，为李嗣源所赏识，招为女婿。魏州兵变时，李嗣源采纳石敬瑭建议，迅速占据汴州，不久李嗣源继位，石敬瑭被任为河东节度使，镇守太原。李嗣源死，后唐屡次发生争夺皇位的乱事。石敬瑭看到后梁、后唐皆自藩得国，早就觊觎帝位。公元936年谋反，后唐派兵征讨，石敬瑭求契丹出兵相助。认契丹主耶律德光为父，并将燕云十六州（今河北北部、北京和山西北部）拱手献给契丹，契丹出兵解他晋阳之围。耶律德光立他为帝，国号晋，史称后晋，年号天福，同年灭后唐。由于他对契丹的屈辱行为，遭到人民的唾弃。他虽谄事契丹贵族，也常遭到契丹的责备。石敬瑭忧郁成疾，公元942年六月，病死于宫中保昌殿。在位7年，终年51岁，葬于显陵。

石敬瑭显陵（1994年9月）

显陵在河南省宜阳县石陵乡石陵村西。墓高20米，周长100米。墓前有清雍正二年（1724年）立“晋高祖之陵”墓碑一通。原立有石像生9对，多淤埋地下。石陵村即由此得名。

〔宋〕高怀德墓

高怀德墓(1996年10月)

高怀德（926—982），五代末、宋初勇将。字藏用。真定常山(今河北正定南）人。出身将门，武勇过人。青年时随父从军，任牙职。公元944年，辽军南袭，他19岁随父跟后晋军出战，被围，他单骑挟父突出重围，升罗州刺使。公元957年，周世宗攻南唐寿春（安徽寿县）时，南唐将刘仁赡筑连环寨据守，他率数十骑入刘营侦察，夜渡淮河，拂晓突临寿春城下，擒一裨将，察明刘营虚实，深受世宗赏识。后周末升侍卫马军都指挥使、宁江军节度使。公元960年，拥立赵匡胤称帝，升殿前副都点检。不久，昭义军节度使李筠联合北汉反宋，他与侍卫马步军副都指挥使石守信率前军先行讨伐，昼夜兼程，首战长平（山西高平西北）告捷，旋破李筠部3万人于泽州（山西晋城）南，俘北汉河阳节度使范守图，杀北汉宣徽使、监军卢赞，迫李筠退守泽州。公元961年任归德军节度使，后加同平章事。公元982年病逝，终年56岁。追封渤海郡王。

高怀德墓位于河南省巩义市芝田乡蔡庄村南500米的农田之中。封土残高3米，周长20米。墓前存清道光元年（1821）其后裔高续立“宋渤海郡王武穆高公墓”石碑一通。墓正南有高约8米的大宋神道碑一通，没有碑文，只有篆额“大宋”两字，意思是高怀德对宋王室的功劳说不尽写不完。“文革”中该墓遭破坏。

〔宋〕曹彬墓

曹彬（931—999），宋朝名将。字国华。真定灵寿（今属河北）人。曾为后汉、后周将领。宋初为客省使。公元961年，参与攻占北汉乐平县（山西昔阳）的战年。公元964年与昭义军节度使李继勋于辽州（山西左权）大败辽援军6万，升任左神武将军兼枢密承旨。同年冬攻后蜀，任东路都监，与副都部署刘光义率军由归州（湖北秭归）入蜀，从夔州（四川奉节东）至成都，连下五州，蜀军归降。公元965年，会师成都，北路都部署王全斌纵兵殃民，他律已军严，受太祖专诏表彰，升宣徽南院使。公元974年，宋攻灭南唐之战中，他率主力十万、战船数千只，由荆南入长江东进，连克南唐沿江重镇，并于采石（安徽马鞍山市西南）跨江架浮桥获得成功，利于宋军南渡。公元975年，宋军围南唐都城江宁（南京），南唐军十五万主力自湖口（属江西）东下增援，他遣军助王明将其歼灭于安庆附近。他攻江宁前先肃军纪，战后又搜查兵营。不久升枢密使。公元986年，宋分兵攻辽燕云等州（北京至大同等地），他为东路主将，在岐沟关之战中因指挥失当败北，降为右骁卫上将军，旋起为武宁军节度使。真宗即位，复拜枢密使。咸平二年病死，终年69岁。谥武惠。

曹彬墓(2001 年 4 月)

曹彬墓位于河南省荥阳县峡窝乡沙固村西北。曹彬卒于京师，其子迎葬于此。墓占地4700平方米，呈覆斗形。墓高10米，周长约120米。

〔宋〕杨延昭墓

杨延昭墓(2001 年 3 月)

杨延昭（958—1014），宋朝名将。本名延朗，人称杨六郎。并州太原人。一说麟州新秦（陕西神木北）人。自幼随父杨业守边关，屡胜辽军。端拱年间（988—989）知景州（河北景县），公元999年，知保州兼缘边都巡检使。辽军攻宋时，他率军三千与居民共守遂城。时天寒，他命众夜以水浇城，冰滑不可攀。辽军攻城不克，引兵南下，他追击，辽方死伤甚众。1000年冬，辽军数千骑来攻，他设伏于遂城西羊山，遣将诱敌至山脚，伏兵突起，辽军大败。1004年辽军大举南下，抵澶州（河南濮阳）境内。他上书真宗，建议趁辽军孤军深入，人马疲惫，命诸军守要路乘机歼敌。建议未获答复，便率部乘虚抵辽境，获胜还。1005年，任高阳关（河北高阳东）副都部署。他守边关20余年，枕戈待旦，号令严明，同士卒共甘苦，深受军民爱戴。1014年病故，终年57岁。

杨延昭墓位于河南省沁阳市常平乡九渡村前山崖上。此墓西依丹水，东面绝壁，墓室半入峭崖，墓冢外表以白灰、块石砌筑，呈圆丘形。残高约1.8米，周长约20米。现被荆棘遮掩。有一个盗墓的洞穴。对面有宋代营寨遗址，与杨延昭墓隔谷相望。

古宋代营寨遗址

〔宋〕狄青墓

狄青墓(2001 年 2 月)

狄青（1008—1057），北宋名将。字汉臣，汾州西河（今山西汾阳）人。出身行伍，精于骑射，骁勇善战。初为骑御散直。1038年，西夏主李元昊叛宋犯边，他从军西征，常为先锋，屡立战功，深为当时负责陕西防务的大臣范仲淹、韩琦等人赏识，官至泾原路副总管、经略招讨副使。宋、夏议和后，被召入京，拜侍卫马军副都指挥使、彰化军节度使，后擢为枢密副使。1052年，广源州（今越南谅山西北）部族首领侬智高叛宋自立，破邕州（今广西南宁）、围广州，岭南为之震动。宋朝廷数派军征讨，均无成效。他上奏自请，被任命为宣徽南院使，宣抚荆湖南北路、经制广南盗贼事。他受诏后，率军南进，在到达宾州（今广西宾阳）后，首先严明纪律，斩杀违命出战的将校，乘夜突破昆仑关天险，一举攻破邕州，平定岭南。1053年，擢为枢密使。他以武将执政，在士卒中有很高声望。狄青一生征战，严于治军，喜读兵书，以范仲淹赠言“将不知古今，匹夫勇尔”自勉。但是，在对武将防范严密的宋王朝中，却为官场所不容。他在枢密院任职4年，就被排挤出朝廷，以使相衔出判陈州（治所在今河南淮阳）。1057年卒于任所，终年50岁。

狄青墓位于河南省舞阳县辛安乡青冢集村。《舞阳县志》记为青冢，即狄襄公之墓。封土呈覆斗形，高约9米，底边周长约160米，顶周长约30米。墓周有树数十株，西南侧封土破坏严重。南侧有一倒伏的文保碑，上刻“舞阳县第一批文物保护单位，狄青墓”。

〔宋〕宗泽墓

宗泽（1059—1128），北宋末、南宋初将领。字汝霖。浙江义乌人。刚直豪爽、沉毅知兵。进士出身，历任县、州文官，有政绩。宋金战争爆发后，奉命知磁州（河北磁县）兼河北义军都总管。1126年金军包围东京（今开封），宗泽为断其退路，轻兵夜袭黄河渡口李固渡（河北魏县西），破金营30余座。遂任兵马副元帅。他反对康王赵构东逃，毅然孤军南下救援东京，沿途屡破金军。至卫南（河南滑县东）陷入重围，他率部死战，击退十倍于己的金军，并迅即转移，使其夜袭扑空，威名远震。1127年升任东京留守兼开封府尹，募兵积粮，整顿城防，任用岳飞等将领，联合或招纳河东、河北义军等武装，使东京成为抗金堡垒。1128年元宵节前，金军一部进逼东京近郊，他令张灯，金军疑不敢入，他暗遣精兵伏

宗泽墓(2000 年 4 月)

其归路，前后夹击，使其损失甚大。宗泽在任期间，24次上书高宗赵构，力主还都东京，并制定收复中原的方略，均被束之高阁。他壮志难酬，忧愤成疾而卒，终年69岁，谥“忠简”。临终前长吟杜甫“出师未捷身先死，长使英雄泪满襟!”的诗句，连呼三声“过河”。有《宗忠简公集》传世。

宗泽墓位于江苏省镇江市东郊2.5公里的京岘山北麓。

宗泽死后，由其子宗颖和学生岳飞护柩至镇江与已故夫人陈氏合葬。墓坐南朝北建置，依山势用块石砌圈形墓圹，直径9米，坟包直径3.5米。四周采用弧型堑凿石围护，上覆封土堆，通高2米。墓前立大理石碑，高1.9米，上刻“宋宗忠简公讳泽之墓”。墓门前台阶随地势呈曲尺形，台前筑有圆形花坛，再前为90米长的墓道。墓道上建有三门四柱的石牌坊，中央横匾刻隶书“宗泽墓”，两侧花岗石柱上刻“大宋濒危撑一柱”、“英雄垂死尚三呼”。墓区遍植冬青树，清幽肃穆。为省级文保单位。

宗泽墓石坊(2000 年 4 月)

〔宋〕李纲墓

李纲（1083—1140），北宋末、南宋初大将。字伯纪。邵武（属福建）人。政和进士。北宋末，为太常少卿。1125年冬，金灭辽后，又兵分两路攻宋，直逼汴京。1126年初，宋徽宗把帝位传给儿子赵桓（即钦宗）南逃。钦宗也想南逃，被李纲劝阻。时李纲为兵部侍郎，受命为亲征行营使，立即部署军队，准备防守器材，三天时间，完成城防守备。金兵用火船数十顺流而下攻宣济门，他指挥敢死队两千人，用长钩、石块粉碎了金兵的进攻。并连续击退金兵向通天门、景阳门及陈桥、封丘、卫州等门的进攻，俘斩数千人。胜利即将到手，被主和派、宰相李邦彦、张邦昌等断送。宋钦宗乃向金乞和，接受其交纳大量岁币，割让大片土地的苛刻投降条件。同年秋，金军又大举南下，钦宗竟将李纲充军到建昌军（江西南城），汴京被金军攻破，俘徽、钦二帝及宫室人等，并于1127年立张邦昌为楚帝，北宋亡。同年，赵构称帝于南京（商丘），是为高宗。南宋始，以李纲为相。他随即提出抗金建国十策，高宗不用。又主张用两河义军抗金，反为投降派排斥去职，在相位仅七十五天。后任湖广宣抚使等职，离开抗金前线，但仍多次上疏，陈述抗金大计，未被采纳。有《梁溪集》、《靖康传信录》等著作留世。公元1140年病卒，终年58岁，谥“忠定”。

李纲墓(2000 年 3 月)

李纲墓位于福建省闽侯县荆溪乡光明村，在一个小山坡上，顺山势而建。墓南端有清乾隆年间修建的石坊，上额题“古社稷臣”四字。穿过石坊，拾阶而上，便是李纲墓冢。墓周用砖砌筑，呈圆囤形。高约3米，直径约4米。墓前有清嘉庆十五年（1810）福建巡抚张师诚立“宋丞相李忠定公之墓”碑一通。墓区林木葱郁，环境清幽。为省级文保单位。

〔宋〕杨再兴墓

杨再兴塑像

杨再兴（1104—1140），南宋抗金将领。相州汤阴(今河南汤阴）人。南宋初，为江西割据势力曹成的部将，并随曹南下，劫掠岭南。1132年，岳飞攻曹，他于阵前斩杀岳飞胞弟岳翻。曹成败后被擒，岳飞晓以“忠义报国”后释之，即随岳飞进屯襄阳，以图恢复中原。1136年，为王贵属下第四副将，奉命率军北上，尽复京西(今河南开封以西)，中原响应。岳飞败金军于郾城，他单骑突入敌阵，欲擒金兀术不获，杀敌数百而还。后充张宪部前锋。1140年，金兀术在临颍驻兵12万，杨再兴率300骑，进逼临颍。在城南小商桥，与金大军突然遭遇，一场恶战，杀敌两千余及敌将百人。再兴欲活捉兀术以求速胜，于是跃马横枪直闯小商河，不料战马陷入淤泥不能自拔。金兵万箭齐发，再兴浑身中箭如刺猬，壮烈殉国，终年37岁。岳飞率援军赶到，火焚其尸，得箭镞二升。

杨再兴陵园位于河南省临颍县小商桥镇北寨东门外。陵园占地30亩，建有忠烈殿、享堂、碑楼和石像生等。墓高10米，周长约120米。绕墓有砖砌围墙一圈。墓前立“宋统制杨再兴将军之墓”碑一通。还有“杨再兴坟墓”小碑一通，传为岳飞用枪尖刻成。另存清代碑刻五通，多述及杨再兴战死事迹及后人敬仰之辞。陵区气势博大恢宏，风格清幽古朴。为省级文保单位。

杨再兴墓(2001 年 2 月)

〔宋〕岳飞墓

岳飞（1103—1142），南宋军事家。字鹏举。相州汤阴（属河南）人。出身农家。少时习武，喜读兵书，曾从军抗辽。1126年投军抗金，因作战勇敢升秉义郎（下级军官）。高宗即位，他上书反对南迁，被革职。后随河北招抚使张所等在黄河南北抗击金军，屡建战功。又从宗泽守开封，任留守司统制。1129年，金将完颜宗弼渡江南进，岳飞时任江淮宣抚使司右军统制，率部转战广德（属安徽）、宜兴（属江苏）地区，多次袭金获胜。次年春，金军自临安（杭州）撤军北还，他率部至牛头山（南京西南）夜袭金营，并追击撤离建康的金军，大败金军，收复建康，升任通泰镇抚使。后在江西、湖南讨伐投靠金人的叛将李成等，镇压江西地区农民起义，高宗赐“精忠岳飞”锦旗。1133年，当金扶植的刘豫政权派军攻占襄阳等郡时，他提出先取襄阳六郡、进图中原的方略，被宋廷采纳。次年自江州（江西九江）挥师北上，大败刘豫军，收复六郡，功授清远军节度使。1135年，他奉命镇压了洞庭湖地区的杨么农民起义军。1136年，任湖北京西路宣抚副使，举兵奇袭刘豫军。他以部分兵力东向蔡州（河南汝南）诱其来攻，主力出击伊阳（河南嵩县），收复今豫西、陕南大片失地。1137年，他乘金朝废除刘豫之机，提出举兵收复中原的主张，后

岳飞塑像

岳飞故居(1999年10月)

多次上书反对与金议和，均被高宗和宰相秦桧拒绝。1140年，完颜宗弼毁约南进，他按其连结河朔，进军中原的方略，遣将联络北方义军，袭扰金军后方；自率主力北上，在郾城、颍昌大破金军精骑，击败其主力。当他正要渡河时，高宗、秦桧却一心向金乞和，诏令各路宋军回师，致他恢复中原计划功败垂成。次年回临安，被解除兵权，改授枢密副使。旋被秦桧爪牙、右谏议大夫万俟卨 (mò qí xiè) 诬谋反，下狱。农历十二月二十九日，被高宗、秦桧以“莫须有” (即也许有) 罪名杀害，年仅39岁。宋孝宗时予以平反，追谥“武穆”，宋宁宗追封为“鄂王”。著有《岳忠武王文集》。岳飞富韬略，善用兵，博采众谋，团结民众。作战指挥机智灵活，不拘常法。强调运用之妙存乎一心。他严于治军，重视选将，爱护士卒，其军以“冻死不拆屋，饿死不掳掠”著称。金军叹服：“撼山易，撼岳家军难!”

岳飞墓(傍为岳云墓)(2001 年 10 月)

岳飞墓位于浙江省杭州市栖霞岭南麓岳王庙西侧。岳飞死后，由非常敬重岳飞为人的狱卒隗顺负其遗体逾城，葬于北山。1162年，孝宗即位，以礼改葬岳飞遗骸于今址。

岳庙正门

岳飞墓坐西朝东，圆形拱顶，以条石围砌，封土植草，四周松柏辉映，墓前立“宋岳鄂王

岳飞当年所骑战马(塑像)

墓”石碑一通。左前侧为其长子岳云墓。墓道两侧有石像生14件。墓道尽头两侧，有面墓而跪的秦桧、张俊等四奸铁像。“青山有幸埋忠骨，白铁无辜铸佞臣”，成为忠奸、善恶最形象的对比。陵园前为一座墓阙。出墓阙，甬路尽头为照壁，上嵌明人洪珠所书“尽忠报国”刻石。甬路两侧建有碑廊，陈列历代碑刻120多块。北廊碑石为岳飞诗词、奏札等手记，南廊碑石为历代名人凭吊题咏。

岳王庙原为智果寺，南宋改为褒忠衍福寺，明代改为忠烈庙，为祀奉岳飞及其父母、子女、部将的场所。现存建筑为清代以后陆续重建。1961年，在岳庙内建民族英雄纪念馆。1966年，岳飞墓、庙被毁，1979年全面修复。

岳飞祠内的秦桧等五奸铁像

〔宋〕岳云墓

岳云墓(1999年8月)

岳云（1119—1142），南宋将领。字应祥。相州汤阴（今属河南）人。岳飞长子。善使铁锤，重80斤，勇武过人，军称“赢官人”。12岁从军抗金，随岳飞部将张宪转战立功。1134年，参加岳飞收复襄阳等六郡之战，攻随州（今属湖北），勇冠三军，率先登城。继又攻破邓州（今属河南）。因岳飞屡隐其功不报，逾年后，始迁武翼郎。1140年，随岳飞挺进中原，在郾城之战中，率骑奋勇冲杀，打乱金军阵势，继与步军配合，大败金军精骑，击杀甚众。旋于颍昌之战中，身先士卒，率800背嵬骑兵（岳飞的亲卫军）左右驰突，先后出入金阵十余次，多处受伤，仍拼死力战，会同守城宋将王贵等击败金军。以功升左武大夫、忠州防御使。1141年，遭秦桧等人陷害。1142年1月28日，与岳飞及张宪同时遇害。年仅23岁。1162年，岳飞冤案平反，岳云也追复了生前原官左武大夫、忠州防御使，并追封为继忠侯。

岳飞、岳云墓神道石刻(1999年8月)

岳云墓在杭州西湖岳王庙内。冤案昭雪后，他的遗骸以礼葬于岳飞墓旁，位于岳飞墓的左前侧，圆形拱顶。墓高约2米，周长约20米。略小于岳飞墓，墓前立“宋继忠侯岳云墓”石碑一通。八百年来一直受到人们的瞻仰、凭吊。

〔南宋〕张宪墓

张宪（？—1142）南宋将领。阆州（今四川阆中市）人。他作战勇敢，指挥有方，多次率军出征，转危得胜，成为岳飞的得力助手。岳飞几次因事离开军队时，都是张宪代理军政。绍光四年（1143），跟从岳飞参加光复襄汉六郡之战，收复郢州（今湖北钟祥）后，与徐庆、牛皋等军进克随州（今属湖北），擒伪齐将王嵩。又与王贵联兵，大败金将刘合孛堇和伪齐李成联军数万，收复邓州（今河南邓县）。1140年，金人背盟入犯，张宪随岳飞北伐，战于颖昌府（今河南许昌），及陈州（今河南淮阳），皆大捷，并克复该城。于临颖（今属河南）与徐庆军破兀术12万军。因功官至龙神卫四厢都指挥使、阆州观察使。1141年，岳飞被罢兵权后，行鄂州（今湖北武汉市）大军副都统制。秦桧指使张俊诱其部将王俊，诬告张宪谋反，并牵连岳飞父子。他在狱中被拷掠至体无完肤，终不屈服。是年底，张宪与岳飞、岳云同遭杀害。葬于西湖。1162年平反，追复其官。1204年，追赠为宁远军承宣使。1261年，追封烈文侯。

张宪墓位于浙江省杭州市西湖区仙姑山东山弄口，东距岳坟约0.5公里。仙姑山又名灵范山、东山。西为鲍家田，北为青芝坞。元朝杭州路总管夏思忠曾立石标认其处，由于年深日久，石断榛莽。1519年，杭州人王天祐在草莽中发现

张宪墓遗址(2001 年 10 月)

“宋张烈文侯墓”断碑，巡抚监察御史张缙为其修筑墓地，立断碑于墓前。明代吴瓒有《吊张烈文侯墓》一诗纪其事。诗云：

将军坟墓久凄凉，
一段精忠伴夕阳。
寂寂松篁镇烟雾，
离离禾黍散牛羊。
遭逢盛世褒忠烈，
整顿荒邱待表彰。
料须英明终不泯，
千秋犹是镇钱塘。

张宪墓前残破的石刻

据1963年调查，墓在西湖区人民医院，呈弓形。高约2米，周长15.6米。墓碑刻“宋敕封烈文侯张公之墓”。墓前有石供桌、石凳等。不久，墓被毁。21世纪初，岳庙管理处对其墓址进行了修整，并立“宋烈文侯张宪墓遗址”石碑一通，碑前有石虎两件。在岳庙内建有张宪祠，正门上额书“烈文侯祠”四字，内有张宪生平事迹展。

张宪祠(2001 年 10 月)

〔宋〕牛皋墓

牛皋（1087—1147），南宋将领。字伯远，汝州鲁山（今河南鲁山）人。南宋初，于京西（今河南开封以西）聚众抗金，屡败金军。西道总管翟兴表其为保义郎。1130年，袭击金军西路渡江归师，大获全胜。北方陷落后，降伪齐。1133年，起义归宋。次年，隶岳飞军，被任为唐、邓、襄安抚使，改神武后军统领，后又改左军统制。败伪齐将李成，收复襄阳；败金将王嵩，收复随州。又驰援庐州（今安徽合肥），击退金军。后进侍中大夫。1135年，从岳飞镇压杨么起义军。1140年，随岳飞北伐中原，焚金军积蓄于蔡州，率军进至开封附近，官至宁国军承宣使、荆州南路马步军副总管。因一直反对宋金议和，1147年，被投降派毒死。终年61岁。

牛皋墓位于浙江省杭州市西湖栖霞岭之巅。墓冢坐北向南，圆形拱顶。高约1.8米，周长约12米。墓后有石砌半圆形围墙，墙外是竹编篱笆，墓前立“宋辅文侯牛皋之墓”石碑一通。墓右侧立一碑，字迹漫漶，可能是记载牛皋生平。墓前端为山门，门前有石鼓墩一对。这里绿草丛生，秀木繁郁，翠竹万竿，环境清幽。

牛皋墓(2001 年 10 月)

〔宋〕韩世忠墓

韩世忠 (1089—1151)，南宋名将。字良臣。陕西绥德人。18岁从军，在与西夏作战中屡立战功。曾作为偏将至浙江镇压方腊起义。宋金战争初，以数十骑击败金军2000余骑，升武节郎、武节大夫。在济州 (山东巨野) 率千人战金军数万，单骑冲入金军阵内斩其首领。后来，护卫高宗南下，任御营左都统制。1129年，率军平息宋将苗傅、刘正彦兵变，救高宗出危，授检校少保、武胜昭庆军节度使。后任浙西制置使，守镇江。1130年，金将完颜宗弼在攻掠临安 (杭州) 等地后北返，他率水师在镇江截其归路，妻梁红玉击鼓督战，大败金军。两军沿江西上，且战且

韩世忠塑像

韩世忠墓(2000 年 11 月)

行，他以八千水兵围困十万金兵于黄天荡（南京东）28天，金军开凿河渠始得逃脱。后被调福建镇压范汝为起义。1134年，任建康、镇江、淮东宣抚使，率军在大仪（江苏扬州西北）设伏，毙伤金军甚众，俘其别将挞孛也等数百人。1135年任少保。不久又升任京东淮东路宣抚处置使，将楚州（江苏淮安）建成军事重镇，并屡挫金军。他多次上疏反对宋廷向金乞和。1141年被召还临安，解除兵权，授枢密使。因岳飞冤狱，当面诘责秦桧。因其抗金主张不被采纳，自请解职。公元1151年病逝，终年63岁，追封蕲王。他统兵有方，所部号为“韩家军”，与“岳家军”齐名。所造克敌弓、连锁甲等兵器，在宋军中广泛使用。

韩世忠墓位于江苏省吴县灵岩山西南麓，南宋“绍兴二十一年敕葬于此”。

韩世忠墓曾遭破坏，原有的石坊、翁仲、石兽，多已不存，少数残损。1982年修复墓冢、罗城、长阶。封土周围垒石加固，呈圆丘形。墓高约2米，周长约25米。墓前有清道光二十年立“宋韩蕲王墓”续修碑一通。墓东南350米处，有宋孝宗亲题“中兴佐命定国元勋之碑”的神道碑，赵雄撰文，周必大书。碑高1.83米。1939年被飓风吹倒，断为十余块。1946年修复，将碑粘合成两段并立，用水泥框架固定，屹立在山岗之上。墓东南650米处，有韩世忠祠，内有韩世忠史迹陈列。

韩世忠祠(2000 年 11 月)

〔宋〕刘锜墓

刘锜（1098—1162），南宋名将。字信叔。德顺军（宁夏隆德北）人。善用兵，多智谋。建炎初，知岷州（甘肃岷县），为陇右都护，屡胜西夏军，升泾原经略使兼知渭州（甘肃平凉）。力战金将完颜宗弼于富平（陕西富平北）。1140年任东京副留守，在顺昌之战中，率两万“八字军”，击败金都元帅完颜宗弼10万大军的进攻，升武泰军节度使、沿淮制置使。1141年金军大举南进，他率军从太平州（安徽当涂）渡江，与金军在柘皋（安徽巢湖市西北）隔石梁河对峙，命将士积柴为桥，同淮北宣抚副使杨沂中等过河大败金军。战后被秦桧等主和派排挤，解除兵权，知荆南府。1161年，金帝完颜亮大举攻宋，高宗命其为淮南、江南、浙西制置使，统率诸路军马。他设伏于皂角林（江苏江都南），击败金军。后因年高多病，请求解除兵权。次年（1162）病逝，终年65岁。

刘锜墓位于湖南省浏阳市南40公里的金刚镇金庄村将军组。建在约500米高的山坡上，四周杂草荆棘丛生，墓被掩于草下。封土堆残高约1.3米，底径3米，周长约12米。石墓围。墓前石碑半入土中，碑文楷书阴刻“宋刘锜将军墓”。

残破的刘锜墓(2000 年 3 月)

〔宋〕王德墓

王德墓前的石刻(2000 年 11 月)

王德(1087—1154)，南宋勇将。字子华。通远军（甘肃陇西）人。胆略过人，勇猛善战。公元1126年，金兵南下中原，他潜入隆德府（山西长治）侦探敌情，斩一金将，授进武校尉；后再入隆德府，俘太守，杀金兵百余人归。1127年，升武略大夫。1134年，在安徽全椒桑根山击败金兵，擒金万户一人，千户十余人。1140年袭取宿州（安徽宿县），收复亳州（安徽亳县），功封陇西郡侯。次年，金兵渡淮河，占和州（安徽和县），逼长江。他领兵自采石（安徽当涂北）渡江，夜拔和州，在昭关（安徽含山北）击溃金军。1141年柘皋之战中，他率先冲入金阵右翼，射杀金将，士卒踊跃向前，大败金军。世人叹其胆略和勇敢。公元1154年病卒，终年68岁。

王德墓碑(2000 年 11 月)

王德墓位于江苏省南京市中央门外燕子矶下庙。封土已不存在，现存神道石碑一通，碑身高2.14米，宽1.23米，厚0.28米，碑额浮雕盘龙，楷书“宋故赠检校少保王公神道碑”。为知韶州军州事傅雱撰，立碑年代已辨认不清。神道尚存石像生四件，其中石虎一只，作蹲立状，高1.2米，前两腿断缺；石羊一只，作跪卧状，高1米，尾部残缺；石马一对，作站立状，高1.4米，马身及嘴均残。为省级文保单位。

〔南宋〕杨从仪墓

杨从仪墓外景（2002年10月）

杨从仪（1092—1169）字子和。南宋将领。陕西凤翔县人。出身农民家庭，壮年应募从军于吴阶军营。1131年三月，金兵两路来犯，包围凤翔，杨从仪率部突围而出，与金兵战于渭水以南，以“奇功转秉义郎，迁副将”。随即又在和尚原以北神岔沟大败金兵，以功迁为正将。十月，金兵10万来攻，杨从仪率部埋伏于神岔沟，配合正面宋军，截击溃败的金兵，俘斩千余人，以功升统领兼凤翔路兵马都监。金军将他的双亲囚于青溪寨。杨从仪率本部兵马大败金兵，救出父母。1133年正月，金兵犯石板谷，他伏兵奇袭金军，追击十余里，以功升为右武大夫、钤辖。二月，金兵出凤州攻和尚原，他率部在柏村大破金兵。次年二月，金兀术率10万人马欲取大散关入四川，杨从仪守第二堡，一日三战，连续五昼夜，打退金兵。1141年，南宋朝廷将和尚原与大散关让给金国，宋军后撤，杨从仪守卫仙人关（今甘肃徽县东南），在此驻兵20年，金兵不敢来犯。1162年二月，宋金和议破裂，金兵南犯，吴磷（吴阶弟）至凤翔督师，杨从仪奉命率部攻取了大散关，切断了金兵渭水以南的粮道，迫使宝鸡的金兵逃往凤翔。以功升为和州防御使，赐爵安康郡开国侯。

1166年，75岁的杨从仪退役，因为他的家乡凤翔仍为金兵所占，他在汉中城固安乐乡水北村落户安家。他关心当地生产，组织人民修复灌溉渠道，于湑水河筑坝，引水入洋县，又折向南入汉江。这条渠的灌溉使当地农业获得丰收，几百年来，一直发挥着效益。1169年二月，杨从仪病逝，终年78岁，葬于城固。

杨从仪墓位于陕西省城固县宝山乡丁家村。其墓俗称“杨爷坟”。封土圆丘形，底径6~8米，高约4米。墓前有杨从仪祠（又名杨将军庙）一座，1169年立“杨从仪墓志铭”碑一通，高2.23米，宽1.06米，碑文楷书，记载史籍阙失的杨从仪生平和战功等。碑于20世纪60年代残为五段，修复后迁至五门堰文管所。

〔宋〕张世杰墓

位于广东省斗门县的张世杰墓(2001 年 3 月)

张世杰（?—1279），南宋名将。范阳（河北涿县）人。初随蒙古万户张柔驻杞县（属河南），后投奔南宋将领吕文德，官至黄州武定诸军都统制。1274年，率五千人坚守郢州（湖北钟祥），以炮弩力挫元军。1275年，元军大举向宋都临安（杭州）挺进，宋廷告急，他率军入卫，夺回广德（属安徽）、溧阳（属江苏）、平江（江苏苏州）等城。旋率水师在焦山（属镇江）江面与元军决战，遭火攻失利。后退保临安，与文天祥力主集中兵力背城一战，被丞相陈宜中所阻。宋廷降元，他由海路入福州，和文天祥等拥立赵昰为帝，继续抗元，兵败后率水师转战于广东沿海。1278年，赵昰病死，宋臣陆秀夫等拥立赵昺为帝，他任少傅、枢密副使，率水师退至崖山（广东新会南）海面，联船固守。元将张弘范派人劝降，他断然拒绝。次年，元军南北夹击，他乘大雾突围，至海陵港（广东阳江西南）遇飓风溺死。

张世杰墓位于广东省，有两处：一处位于斗门县井岸镇黄杨村的也字山腰。占地约600平方米。1748年立碑，“文革”中被砸，后重拼，上刻“宋太傅枢密副使越国张公讳世杰之墓”；另一处在阳江市海陵镇力岸村。占地450平方米，墓直径11.5米，高3.2米。有碑，上刻墓主人姓名、官职、封号和立碑人。

位于广东省阳江市海陵镇的张世杰墓(2003 年 11 月)

〔宋〕文天祥墓

文天祥塑像

文天祥（1236—1283），南宋抗元将领，字履善，一字宋瑞，号文山。吉州庐陵（江西吉安）人。宝祐进士第一名，因父丧未授官职。1259年，忽必烈率军攻鄂州（湖北武昌），宦官董宋臣主张迁都，他上疏请斩董宋臣，并进御敌之计，未被采纳。后历知瑞、赣等州。1270年，因草拟诏书，违丞相贾似道意，被罢斥。1273年，任湖南扑刑，旋改任知赣州。1275年，元兵东下，他在赣州组织义军，入卫临安（杭州）。次年，任右丞相，被派往元营谈判被扣。后于镇江脱逃，自通州（江苏南通）由海道南下至福建，与张世杰、陆秀夫等坚持抗元。1277年，由汀州移驻漳州，派赵时赏攻宁都，吴浚攻雩都。吴进入江西，虽攻下州县几处，终以兵败降元，并亲到漳州劝降，被他杀死。反攻的宋军攻占梅州（广东梅县）、会昌（江西会昌）等地。不久被元重兵击败，退入广东。1278年，被叛徒引元兵袭败，在五坡岭（广东海丰北）被俘。被押解过零丁洋（广东珠江口外）时，写下《过零丁洋》一诗，最后两句是“人生自古谁无死，留取丹心照汗青”。他拒绝元将张弘范的劝降，书此诗以

文天祥墓前石坊(2000年3月)

文天祥纪念馆

文天祥墓(2000 年 3 月)

明志。次年，被送至大都（北京），几经利诱威逼，先后拒绝南宋亡国之君赵昰和元世祖忽必烈的亲自劝降，始终不屈。1283年1月9日，在柴市（今北京菜市口）从容就义，终年47岁。他在狱中作《正气歌》，其英雄气节为后世传诵。遗著有《文山先生全集》。

文天祥墓位于江西省吉安县富田乡鹜湖大坑村，这是文天祥生前亲自选定的墓地。他在大都狱中，曾致书舅父曾槃：“天祥自国难以来，间关兵革，鞠躬尽力，百折而不悔，以致家国俱毙。……区区折骨，已分沟壑，当具衣冠，藏于文山之阳，畴昔舅所指之处也。”从信中可见，他早已选定墓址，只想建个衣冠冢就可以了，但他没想到，在朋友的帮助下，他的尸骨也回到故里，这会使他在天之灵得到一些慰藉。

文天祥墓坐落在青山环抱的虎形山上。墓园依山就势，前蹲后倨，气势恢宏。墓园前端有五门六柱石牌坊，上镌“仁至义尽”四字，出自文天祥的“自赞”。后有石拱桥，桥下溪水淙淙。连接石桥的是47米长的神道，寓意文天祥走过47年人生路程。神道两侧有望柱、翁仲、石兽等石刻五对，幽兰、翠柏成行。登上99级石阶，面临祭台，正中一块墓碑上阴刻“宋丞相文信国公之墓”。再往上经过菱形石梯，就是墓冢，坐北朝南，呈半球形。封土高2.6米，直径5米。从山下仰视，墓的造型酷似一把长剑，墓冢、祭台如柄，99级石阶似锋，居高临下，直刺虎形山的虎口中央。现为省重点文保单位。

在吉安县敦厚镇建有文天祥纪念馆，展示文天祥壮丽的人生浩然的正气。

文天祥墓前石刻

〔宋〕黄十九墓

黄十九墓(2001 年 3 月)

黄十九（?—1278)，广东人。1278年5月，南宋皇帝赵昺，在航海避元兵至电白庄山。当时元兵追赶帝昺甚急，国家民族正处于危亡关头。高州巡检黄十九，以赤胆忠心的民族气概，为了捍卫国家民族尊严，他以文天祥为榜样，统帅3000军民奋起抗击元兵，战斗在庄山，仗打得异常激烈。但因势孤力单，寡不敌众而战败，黄十九战死在庄山北麓。后人把他安葬于电城庄山岭下。帝昺念其精忠报国壮烈牺牲，遂敕封“忠烈侯”。当地人民为了纪念英雄黄十九，在庄山北麓建忠烈侯庙。黄十九有一妹，许配吴门，帝昺航海避寇期间，吴某聚啸海洋，助寇叛乱。黄十九妹深明大义，毅然曰：“焉有身出夷门而足履跖庭者乎?”遂绝吴。人们认为她“怀清履洁”，亦立像于黄十九公庙内的配殿。黄十九兄妹，堪称一门忠烈。

黄十九庙(2001 年 3 月)

黄十九墓位于广东省电白县电城镇庄洞黄屋村，占地面积200平方米。墓为砖石灰沙砌筑，掩在荆棘之中。墓前有清乾隆五十七年(1792) 立“皇宋敕封忠烈侯黄十九公墓”碑一通，碑高0.86米，宽约0.5米。墓区花草繁郁，四季长青。

〔元〕木华黎墓

木华黎墓(在敖包下)(2000 年 10 月)

木华黎（1170—1223），蒙古名将、攻金统帅。札剌亦儿部人。早年辅佐成吉思汗统一蒙古诸部，誉称“四杰”之一，被任左手万户长。蒙金战争初期，在野狐岭（河北万全西北）、会河堡（万全西南）大战中，率敢死士冲锋陷阵，以寡敌众，配合主力歼金军精锐。后又率军攻取北京（内蒙古宁城西）、锦州（属辽宁）、光中府（辽宁朝阳）诸城，据以控制辽东、辽西地区。1217年，被封为太师、国王，全权指挥攻金。他利用矛盾，收降大批汉族地主武装为其效力，接受部将史天倪等建议，禁掳掠，不杀降；发挥蒙古军突袭、野战特长，迅速攻取今河北、山西、山东等要城。1220年，在黄陵冈（河南兰考东）激战中，他下马督战，令将士引弓齐发，打败号称20万的金军。1221年，自山西北部挥军渡黄河进入今陕西，先后攻克绥德、鄜州（富县）、蒲城等地。1223年3月，卒于今山西闻喜。终年54岁。

建在木华黎墓上的敖包(2000 年 10 月)

木华黎墓位于陕西省榆林市小纪汗乡井克梁村的一个沙丘上。原为砖砌梯形方台，俗称“英雄敖包”（“敖包”，旧时指神灵的住地）。高2米，底边长7米。1997年5月，榆林市在该墓上边新建一座敖包，称“金克山敖包”，每年古历正月初三、五月十一日，蒙古族人按惯例在此祭奠。现为市级文保单位。

〔元〕哈剌解墓

哈剌解墓碑(2001 年 3 月)

哈剌解（?—1307），北元蒙人。初从军攻襄樊。1275年，跟随丞相伯颜渡江攻占建康、常州。后从丞相阿术与宋军战于江南，连克江阴、金山、上海、崇明等地，获海船300余艘，升任沿海招讨副使。此后，转战江、浙、闽各地，屡建奇功，升辅国上将军、都元帅。1281年，发兵侵日本，遇台风，全军几乎覆没，哈剌乘舟逃回。1301年，擢资德大夫、云南行省右丞。率兵征八百媳妇国。后因征云南失利，遭罢黜。1307年，以疾卒于汝州。1312年，追封为荣禄大夫平章政事、巩国公，谥武惠。

哈剌解墓位于河南省郏县薛店乡张武村西北。封土已不存，尚有神道碑一通。碑系青石雕成，高4米，宽1.25米，厚0.4米，由碑额、碑身、碑座三部分组成。碑额上圆下方，似王冠扣在碑身之上，上有九盘滚龙浮雕，故又称“九龙碑”。浮雕中央篆书“有元故巩国武惠公神道碑铭”12个大字。龟趺已沉入地下，龟头露出地面。此碑俗称“子昂碑”，因碑文由元代大书法家赵子昂书丹，因以得名。赵子昂，名孟頫，是宋太祖赵匡胤的后裔。元初，官至翰林学士承旨。其书法圆转遒丽。碑文正楷，柔中藏锋，圆润俊美。清初进士张笃行知郏县，对赵孟頫碑珍惜备至，作《郏县赵子昂碑》诗一首，表达其感受：“石上字，书者谁?云是赵家松雪翁。几行银钩似，几行铁画同，几行跳龙与卧虎，几行骤雨复旋风。几行长剑孙娘舞混脱，几行乱花天女散碧空。呼僮柳边且系马，我欲三日坐其下。寄语山鬼好护持，莫教霹雳夜来打。”

哈剌解墓碑上的碑头

〔元〕陈友谅墓

陈友谅墓(2001 年 3 月)

陈友谅(1320—1363)，元末南方红巾起义军将领，大汉政权的建立者。本姓谢，入赘于陈氏，因从其姓，沔阳(今湖北沔阳)人。渔民出身，曾为县吏。1351年，参加徐寿辉等人组织的天完红巾军，隶倪文俊部为簿掾，后以功渐升为元帅。1357年，倪文俊谋杀徐寿辉未遂，他杀文俊，遂兼有其众，任平章政事，实操天完政权。后连克江西、福建诸地。两年后挟寿辉迁都于江州(今江西九江)，自称汉王。1360年夏，杀寿辉称帝，建都江州，国号汉，年号大义。此举导致人心离散。次年，朱元璋部攻破江州，他退守武昌，寿辉部将士纷纷脱离，又屡为朱元璋所败，疆土日蹙。1363年，又大败于鄱阳湖，在九江口中流矢而死，终年44岁。其子陈理继位，次年，向朱元璋投降，汉亡。

陈友谅墓位于湖北省武汉市长江大桥武昌引桥南坡。公元1364年，朱元璋曾去祭奠，手书“人修天定”四字。墓坐北朝南，长方形，高2米。墓周加筑了片石档土墙。墓前立“大汉陈友谅之墓”碑。墓垣立三门四柱石牌坊，正面额上隶书“江汉先英”，背面题“三楚雄风”等字样。该墓为省文保单位。

陈友谅墓前的石坊(2001 年 3 月)

〔元〕张士诚墓

张士诚墓碑(2000 年 11 月)

张士诚（1321—1367），元末割据者。泰州白驹场（江苏大丰西南）人。幼名九四。盐贩出身，平时多受富户欺凌。1353年，与弟士德、士信率盐丁起兵，攻下泰州、兴化、高邮等地，拥众万余。次年，称诚王，国号周，年号天佑。同年与元军战于高邮，大获全胜。1356年，率军渡江攻取常熟、湖州、松江、常州等地。定都平江（江苏苏州）。同年，克杭州。又与朱元璋开战，连败于龙湾、常州。张士诚势穷力迫，次年降元，封为太尉。后继续扩占土地，割据范围，南到浙江绍兴，北到山东济宁，西到安徽北部，东到海。1363年，攻安丰（安徽寿县），逼走红巾军领袖刘福通和小明王韩林儿，自称吴王。后屡为朱元璋所败，疆土日蹙。1367年秋，平江城破，被俘至金陵（江苏南京），自缢死，终年47岁。

张士诚墓位于江苏省吴县斜塘镇北盛墩村。张士诚死后，朱元璋命具棺木赐葬今址，占地面积3亩多。原来墓很大，墓前立“张吴王墓”碑一通，墓西有张王庙。“文革”时全遭毁坏，现墓为一小土岗，高出农田约1.5米。墓上一半种菜，一半是荒草，草丛中尚有残碑石块。墓西侧有张士诚纪念馆。据说张士诚生前在苏州做过一些好事，苏州人民至今还很敬重他。现为县级文保单位。

张士诚纪念馆(2000 年 11 月)

张士诚墓(2000 年 11 月)

〔元〕明玉珍墓

明玉珍（1331—1366），元末大夏政权的建立者。随州(今湖北随州）人，家世务农。1351年，农民战争爆发，明玉珍集乡兵千余人屯青山，结栅自固。1353年冬，参加徐寿辉领导的红巾起义军。1357年，由巫峡引军入蜀，逐渐占领川蜀全境。1360年，陈友谅杀徐寿辉建立大汉政权，他立徐寿辉庙于重庆，祭之，并自称蜀王。1362年，被刘桢等人拥立称帝，国号大夏，年号天统，都重庆。1366年春病卒，终年36岁。其子明升继位。大夏政权于1371年为明王朝所灭。

明玉珍塑像

明玉珍墓中的棺椁

明玉珍墓位于重庆市织布厂内，1982年发现。墓凿于砂岩上，为长方形竖穴石坑墓。墓内有一椁一棺，椁系香榧木制成，出土时尚闻香气。随葬品简朴，有铭旌一件，画幡一件，棺帷两件，衣裙五件，被褥三件，金杯一件，银锭两枚，石碑一通。碑首刻“玄宫之碑”，此碑记载了明玉珍的生平。

明玉珍墓外景(2001 年 3 月)

〔明〕刘基墓

刘基墓(2000 年 2 月)

刘基（1311—1375），明初军事谋略家。字伯温。浙江青田人，通经史，晓天文，精兵法，时人比为诸葛亮。曾任江浙行省元帅府都事职。1360年，被朱元璋聘至应天(南京)，参加农民起义军。他据形势献时务十八策，提出避免两线作战、利用矛盾、各个击破的方略。朱元璋遂集中兵力，西灭陈友谅，东灭张士诚，数年内占据长江中下游各省。1367年，他参与制定的先取山东、旋师河南、尔后进兵大都（北京）的灭元作战计划，得到全部实现。朱元璋称帝后，他奏立卫

刘基庙(2000 年 2 月)

所军制，加强对海边防的卫戍。官至御史中丞兼太史令，封诚意伯。后遭诬陷，忧愤成疾，1375年病逝，终年65岁。其有关军事谋略的论述，辑于《诚意伯文集》。

刘基庙"帝师"木牌坊

刘基墓位于浙江省文成县南田镇西陵村的坟前山，因背依九个山峰，形似九条龙，又名九龙山。本地人认为刘基墓是颗宝珠，故俗称"九龙抢珠"。墓朝东偏北，依山势而建，砖室封土，不附建物。清道光年间，加建隔山圈成扶椅式，1985年，加建石砌围墙，占地面积约80平方米。墓式简朴，前立"明敕开国太师刘文成公墓"碑。墓区草木繁茂，松柏挺立，前墙外为田圮羊，旁有刘氏后裔住宅，四周群山环抱，开朗清新。

刘基庙"王佐"木牌坊(2000 年 2 月)

在南田镇华盖山建有刘基庙，为七间三进回廊合院式木构建筑。沿轴线依次建有头门、仪门、正厅。头门前左右两侧建有"王佐"、"帝师"两座高9米的木牌坊，称颂刘基"学为帝师，才称王佐"。正厅明间塑有刘基坐像。像前悬有名人撰联多帧。刘基墓、庙均为省文保单位。

〔明〕徐达墓

徐达墓(1997 年 10 月)

徐达 (1332—1385)，明朝开国军事统帅。字天德，濠州钟离 (今安徽凤阳东北) 人。1353年，参加农民起义军。1355年，从朱元璋渡长江，取太平 (安徽当涂)，克集庆 (南京)，占镇江等地，开拓了江南基地，授淮兴翼统军元帅。1363年，在鄱阳湖之战中，身先诸将，击败陈友谅军前锋。1364年升左丞相。1367年，克平江 (苏州)，俘获张士诚及其部众25万。同年10月，以征虏大将军率师25万北上，取山东，占河南，后挥军攻克大都 (北京)，元亡。明初，他多次远征漠北等地，戍守边疆，被朱元璋誉为“万里长城”。

徐达长于谋略，治军严整，很早就跟随朱元璋南征北战，相互亲密无间，有些人称他们是“布衣兄弟”。1384年，他在北平生背疽。1385年2月，病死于应天，年仅54岁。朱元璋闻讯悲恸不已，亲自奔丧，为他停朝，并追封他为中山王，赐葬钟山之北 (今南京市郊)，配享太庙，名列功臣第一。

徐达墓座于江苏省南京市玄武湖区板仓街，是徐达和夫人谢氏的合葬墓。

徐达墓坐北朝南，最南端是石牌坊，上阴刻“明中山王神道”。石坊北是神道碑，通高8.95米，宽2米，厚0.7米，是南京现存最高大的墓碑，上题“御制中山王神道碑”，碑文由明太祖朱元璋亲自撰写，标有句逗，这在古代碑刻中是极为罕见的。神道长300米，两侧有马、羊、虎、武士、文臣等石像生五对。封土由块石砌筑，高2.4米，直径14米。墓前有其后裔立“明封魏国公追封中山王谥武宁夫人谢氏之墓”石碑一通。附近还有他的子孙后代墓11座。经南京市博物馆清理发掘，出土墓志及文物甚多，如成套锡制明器和金、玉、铜镀腰带，不仅反映明代精湛工艺水平，也体现了当时的丧葬等级制度。该墓为省级文保单位。

〔明〕常遇春墓

常遇春墓武士石刻

常遇春 (1330—1369)，明开国名将。字伯仁。安徽怀远人。体貌奇伟，沉毅果敢，长臂善射。1355年，参加农民起义军，随朱元璋渡长江，取太平，破集庆，每战必先，升中翼大元帅。1357年，攻宁国、池州 (安徽贵池)、婺州 (浙江金华) 等城。1363年，在鄱阳湖之战中，他奋勇救出被陈友谅军围困的朱元璋，旋即率军封锁湖口，会同诸将全歼号称60万的陈军。1365年，以副将军与徐达率军进攻张士诚，先取淮东，后占浙西，攻克平江 (苏州)，俘获张士诚及其部众25万。因功升中书平章军国重事，封鄂国公。又以副将军与徐达率军25万北上，转战中原，次年克大都 (北京)，灭亡元朝。1369年，继续北征，攻占元上都 (内蒙古正蓝旗东北)，俘元宗王及将士万余。回师途中暴病卒，终年40岁，追封开平王。他英勇善战，统军有方，自谓能以10万众横行天下，军中称他“常十万”。

常遇春墓位于江苏省南京市玄武湖区白马村。该墓建在钟山第三峰的山坡上，四周用块石垒筑。高2.4米，直径9.5米。清同治十年 (1871) 二月，其后裔在墓前立“明故世祖开平王遇春常公之墓”碑一通。墓前原有石刻规制较大，今已残缺不全。现仅存石望柱一，石马二，旁有马倌，石羊二，石虎二，武将二，镌刻精细，图案精美，栩栩如生。墓边有柱础数只，应为享堂的遗物。墓区茂林修竹，环境清幽。为省级文保单位。

常遇春墓(1997 年 10 月)

〔明〕李文忠墓

李文忠墓神道及石刻(1997年10月)

李文忠（1339—1384)，明开国名将。字思本，盱眙(今属江苏)人。朱元璋外甥。喜爱读书，作战骁勇，治军严明。19岁亲率军，从朱元璋增援池州(安徽贵池)，继又率部连挫元军，1358年，攻占浙江昌化、淳安等地功授帐前左副都指挥兼领元帅府事。后与邓愈会师，再克浙西重镇建德。不久，元水陆军数万突然反击，他先破其陆军，取部分首级置于木筏，顺流而下，水路元军见之惊慌逃遁。1365年，张士诚派兵20万攻新城(浙江诸暨南)，他率军驰援，在敌众已寡的情况下，乘雾攻其中坚，获大胜，歼张军数万，俘将校600人。1366年，进克杭州，迫守军3万降，升浙江行省平章。1369年，以偏将军从常遇春攻占元上都(内蒙古正蓝旗东北)。常遇春病逝后，他代其职继续远征漠北，俘斩元兵万余。次年，与徐达分道北征，俘获元主之孙及大臣数百，升大都督府左都督。1377年，负责大都督府兼领国子监事。后因劝皇帝少杀戮，忤旨被责。未几病死，终年46岁。追封岐阳王，谥武靖。

李文忠墓位于江苏省南京市玄武湖区蒋王庙街6号。墓坐北朝南，正对钟山，居于小山坡顶部。有三个土冢，其中较大的墓前立一墓碑，正中楷书阴刻“明岐阳王神道”，款署“清光绪二十二年仲春月吉日立”，“管带老汀中堂十八世嗣孙永钦重修”。其余两个墓冢当为李文忠家族墓。墓前神道石刻尚存石望柱二，石马一，旁立一马倌，石羊二，石虎二，武将二，文官二，均相向而置。墓地现存石柱础五块，当为享殿遗物。该墓为省级文保单位。

〔明〕邓愈墓

邓愈墓(2000 年 4 月)

邓愈墓前的石刻

邓愈（1337—1377），明开国名将。字伯颜。虹县（安徽泗县）人。1353年，16岁的邓愈继承父志领兵抗元。次年，率部加入朱元璋军，在渡长江、占集庆（南京）、取镇江诸战中，屡立战功。19岁升广兴翼元帅。后转战今皖、浙、赣等地，皆胜。1363年，陈友谅率军号称60万围攻洪都（南昌），他防守抚州门。城破30余丈，他率军且战且筑，协助都督朱文正坚守85天。鄱阳湖之战后，他奉命平定江西未附州县，升江西行省右丞。1370年，从徐达远征甘肃，身先士卒，击败元军。后分兵进克河州（甘肃临夏），招降吐蕃（川、青、藏交界地区）、乌斯藏（西藏中、西部）诸部。1371年，在攻灭夏蜀之战中，坐镇襄阳，运筹粮秣军马，供应从征各部。1377年，任征西将军，平定吐蕃反抗势力。班师途中病逝，终年41岁。追封宁河王，谥武顺。

邓愈墓神道碑(2000 年 4 月)

邓愈墓位于江苏省南京市中华门外雨花台西邓府山，现雨花台西路旁。路边新立三门四柱石牌坊，上额题“山高水长”四字。神道前立一巨碑，高5.05米，碑额两面浮雕四条缠龙，篆刻“大明钦赐宁河武顺王神道碑”。碑后有望柱一，石马、马夫、石羊、石虎、文臣、武将各二，分置神道两侧。墓冢在一高岗上，封土高约2米，直径约6米。墓前有一方形石质祭台，北侧刻“宁河武顺王”。边卧一碑，上刻“明邓宁河武顺王之墓”，为清光绪十八年九月邓愈16世孙邓贤辅立。邓愈墓冢及石刻保存完好。为省重点文保单位。

〔明〕汤和墓

汤和墓(2000 年 4 月)

汤和 (1326—1395)，明开国名将。字鼎臣。濠州 (今安徽凤阳) 东湖村人。为人谨慎，沉敏多智。幼与朱元璋为同乡好友。1352年，参加郭子兴起义军，授千户。1355年归属朱元璋。在渡长江、占集庆、取镇江诸战中，以功升统兵元帅。1357年镇守常州，多次击败张士诚部。1367年为征南将军，在浙东击败方国珍部，俘获2.4万人、海船400余艘。尔后率部由海道入福州，俘据延平 (福建南平) 的陈友定。继又从徐达征今山西、甘肃、宁夏等地。1370年封中山侯。次年为征西将军，在傅友德从陆路配合下，与副将军廖永忠率水军溯长江西进，抵重庆，迫夏国主明升出降。1376年以征西将军进兵延安，迫伯颜帖木儿乞降。1377正月，改封信国公。1384年巡视海防。

汤和墓室棺椁

1387年在浙江沿海先后设卫所城59处，使倭寇不得轻入。后以年迈为由，自请还乡。1395年病卒于凤阳，终年70岁。追封东瓯王，谥襄武王。

汤和墓前石刻

汤和墓位于安徽省蚌圩阜市东郊曹山南坡。墓前端立有神道碑，高6.35米，碑文篆书“敕赐故东瓯襄武王神道碑铭”。神道长225米，两侧有石马、跪羊、坐虎、文臣、武将和望柱等石刻12件。因新建公路要经过该墓，故进行了发掘清理。该墓封土残存7层，自上而下，一三五层为碎石加砂，二四六层为黄土，七层为白灰泥。墓室为大型单券式砖石结构，分前后两室并附一侧室，斜坡墓道长5.2米。该墓曾被盗，乱土中发现盗具铁斧10把，铁镑2个。棺盖被撬开，绝大部分随葬物已被盗走，但仍出土各类器物100多件。据出土的墓志铭得知，汤和死后封东瓯王，谥襄武王，葬于曹山。墓志的记载，校正了《明史·汤和传》的几处错误，具有重要的史料价值。墓室内已按原状修复，以供游人参观。汤和墓为省级重点文保单位。

汤和墓神道(2000年4月)

〔明〕胡大海墓

胡大海（?—1362），朱元璋起义军将领。字通甫，濠州虹县（今江苏泗洪东南）人。初从朱元璋起兵，渡江南下后，以功授右翼统军元帅。1357年，渡江后率军攻取皖南、浙江等地，任江南行省参知政事。他善于用兵，治军严明，曾说："吾武人不知书，惟知三事，不杀人，不掠妇女，不焚毁庐舍"。1360年，率军攻克信州（今江西上饶），以牵制陈友谅军。后回军镇守金华。1362年，降将苗军元帅蒋英、刘震、李福等叛变投降张士诚，将他杀害。明王朝建立后，追封为越国公。

胡大海墓位于浙江省金华市第三医院西侧。据说，胡大海死后就地安葬。此墓原来坟包很大，有神道石刻，"文革"时被挖掘破坏。挖出的金银器物，被化成金块、银块卖掉。后来因修路，又将封土推平。在河南省郸城县胡集乡还有一座胡大海墓，高约2米，1958年"大跃进"时被夷为平地。

位于浙江省金华市的胡大海墓遗址(2000年11月)

〔明〕于谦墓

于谦 (1398—1457)，明朝名将。明保卫京师之战的军事统帅。字廷益。钱塘(浙江杭州) 人。他17岁时作《石灰吟》诗：“千锤万击出深山，烈火焚烧若等闲；粉骨碎身全不惜，要留清白在人间。”以石灰自喻。1421年进士，后任御史、兵部右侍郎，1448年升兵部左侍郎。次年秋，明京师主力在土木堡之战中溃败，英宗被俘，蒙古瓦剌军进攻京师 (北京)。他力主抗战，反对迁都，升兵部尚书。他从全国调兵，把通州官仓里几百万担粮食运进京城，率军击败瓦剌军，保卫京师取胜。战后，首创团营军制，加强部队训练，提高战斗能力。加强边戍，任名将镇守。以战求安求和，多次击败瓦剌军的进攻，迫其首领也先释放英宗回朝。1457年英宗藉“夺门之变”，重登帝位。几天后，于谦遭诬陷被害，终年60岁。

于谦墓(2007 年 3 月)

后昭雪，赠太傅，谥肃愍，又改谥忠肃。有《于忠肃集》。

于谦祠(2007 年 3 月)

于谦墓位于浙江省杭州市西湖三台山麓。于谦死后，其女婿朱骥把他的灵柩运回家乡杭州，归葬祖茔。该墓曾遭破坏，1979年修复。现墓道长90米，前端立三门四柱石坊一座，上额书“热血千秋”四字。墓区南北宽23米，进深30米，两侧置石像生六对。墓冢为石结构，呈马蹄形。墓前立“大明少保兼兵部尚书赠太傅谥忠肃于公墓”石碑一通。墓周古木参天，郁郁葱葱。现为省重点文保单位。

墓侧有明代建于谦祠，详细介绍于谦的生平事迹。被誉为“西湖三杰”之一的于谦，万世同钦，千秋共仰。

于谦墓神道(2007 年 3 月)

〔明〕俞大猷墓

俞大猷（1504—1580），明抗倭名将。字志甫，号虚江。福建晋江人。年少随名师学兵法、剑术。父死，袭世职百户。1535年，任千户，守金门（属福建），多次上书陈述御倭方略，获兵部尚书毛伯温器重。1549年，任参将，镇压琼州（海南岛）黎族人民起义。后屡败倭于江、浙、闽、粤。1555年，他与参将卢镗、汤克宽等率部在王江泾（浙江嘉兴北）斩倭寇1900余，焚死溺死倭寇数千，继又败其溃逃者。1556年，任浙江总兵，修造海船，操练军队。平定浙西倭寇，智逼倭寇内应徐海溺水死亡。又克舟山（属浙江）倭巢。不久，遭诬陷发配大同，受大同巡抚李文进赏识，参与筹划军事，造独轮兵车，大破敌阵。1562年，调福建总兵。次年，会同副总兵戚继光、广东总兵刘显攻克倭巢平海卫（福建莆田东南），斩倭寇2200余人，收复兴化城（莆田）。1564年，改任广东总兵，屡败倭寇，威名大振。倭寇闻“俞家军”至，皆恐，盗首伍端自缚请降。经四个月激战，大败侵扰潮州（属广东）、惠州（属广东）的倭寇2万余人。他与戚继光等部配合，至1566年，基本消除东南沿海倭患。他从军50载，严于治军，先计后战，不贪近功，强调“艺精则胆壮，胆壮则兵强”。抗倭战功卓著，虽屡遭诬陷，受挫不馁。1580年卒，终年77岁，赠左都督。著有《正气堂集》、《剑经》。

俞大猷墓位于福建省泉州市，是民族英雄俞大猷与夫人的合葬墓。顺山势建在山坡上。墓高2.38米，长2.86米，宽2.96米。墓前两侧用大石板筑成的墓墙，光滑洁白。神道两侧尚存石像生八件，其中石羊、石虎、石马各一对，文臣、武将各一件。这些石刻都是白质石料，雕刻精细，栩栩如生，保存完好。该墓被列为省文物保护单位。

俞大猷墓(2000 年 3 月)

〔明〕谭纶墓

谭纶墓(2003 年 3 月)

谭纶（1520—1577），字子理，号二华。明朝抗倭名将，民族英雄。江西宜黄县谭坊人。嘉靖二十三年（1544）进士，后任南京兵部主事。1555年，任台州知府，训练乡兵，多次击败来犯的倭寇。1562年，参与镇压广东等地农民起义。次年任福建巡抚。四月，令俞大猷、戚继光和刘显等部收复被倭寇据为巢穴的平海卫（今福建莆田东南）。此后，下令整顿海防，建立水寨，督造战船，扼守海口，并在沿海各县建立了战守合一的地方武装。1564年，又遣戚继光率军在仙游（今属福建）击败倭寇万余，基本上消除了福建倭患，东海边防得以安宁。1567年，以抗倭功，进兵部左侍郎兼右佥都御史，总督蓟、辽、保定军务。针对当时军队多老弱、兵力分散等弊端，奏请朝廷训练精兵，并荐举戚继光总理练兵事，于居庸关、山海关间筑敌台3000座，扼守要地，巩固边防。1571年，升任兵部尚书。1577年病逝。终年58岁，葬于宜黄县。卒后赠太子太保，谥襄敏。他管理兵事近30年，知兵善战，与戚继光共事齐名，史称“谭、戚”。著有

谭纶墓前的石坊(2003 年 3 月)

谭纶墓前精美的石刻

《谭襄敏公奏议》、《谭襄敏公遗集》。

谭纶墓位于江西省宜黄县二都乡帘前村鹿塘。谭纶死后，御赐葬原籍。墓区占地约7万平方米，四周砌有围墙。进入正门为神道，两侧有石象生14对，神道北端有三门四柱石牌坊三组，牌坊北为墓冢区，墓建在半山腰，顺山势而建。墓前有四道拜台，四对石刻。石砌的墓冢坐北朝南。呈圆形。高0.6米，周长20米。墓北约4公里的公路边有谭纶立姿戎装石雕像一座。

谭纶墓前精美的石刻(2003 年 3 月)

〔明〕戚继光墓

戚继光

戚继光（1528—1588），明朝抗倭名将。军事家，民族英雄。字元敬，号南塘，晚号孟诸。祖籍安徽定远，生于山东济宁。17岁袭父职任登州卫指挥佥事。毕生40余年置身军营，写下"封侯非我意，但愿海波平"（《止止堂集》）的名句。1553年，任署都指挥佥事，于山东防备倭寇；1555年，调浙江都司，次年任参将，镇宁波、绍兴、台州三府。1559年，亲去金华、义乌等地招募精壮农民和矿工4000余人，按年龄和身材配发不同兵器，进行编组训练。以"岳家军"为榜样，锻炼成一支闻名天下的"戚家军"。针对南方多湖泽的地形和倭寇作战特点，创造攻防兼宜的"鸳鸯阵"，以十二人为一队，长短兵器配合，因敌因地变换队形，主动灵活地击败敌人，对方惊呼这阵法如疾风骤雨。1561年，他在浙江台州地区九战皆捷。次年夏，他进剿横屿岛，清除四面环水、易守难攻的倭寇闽北巢穴。还乘机捣毁倭寇盘据的另外两巢穴，即牛田（福清南）和林墩（莆田南）。功升都督佥事。与俞大猷、刘显联合收复平海卫，升福建总兵。1563年，他以计惑敌，采取内外配合、各个击破战法，解仙游之围。此后，转战东南沿海，至1566年，沿海倭患基本消除。1568年，总

戚继光墓(2001 年 2 月)

理蓟州、昌平、保定三镇练兵事，并整饬防务，修筑御敌台1017座，每台配固定台兵，规定传烽之法。设立武学，训练将士，编成一支车、骑、步皆备的精锐军队，使防御巩固，京师(北京) 安全。作战时，戚家军使用了飞刀、飞枪、飞箭及火箭车等先进武器，令南倭北虏，闻风丧胆。后来，因受排挤调无倭可备的广东。后被诬陷夺职，回登州。所著《纪效新书》和《练兵实纪》受兵家重视，对练兵、治械、阵图等皆有创见，为优秀军事理论著作。1588年1月5日病故，终年61岁。

戚继光故居(2001 年 2 月)

戚继光操练水军的水城(2001 年 2 月)

戚继光墓位于山东省蓬莱市东南7.5公里的南王镇芝山南的半山腰。封土呈圆丘形，绕墓有砖砌围墙一圈。墓高约2米，周长约30米。墓前立“戚继光之墓”石碑一通。神道有石人、石马、石羊各一对。墓周林木环绕，肃穆清幽。

在蓬莱市戚继光的故里，有戚氏三门四柱五楼石雕坊及戚府、水城、水师府等古迹。戚继光一生忠心报国，受到人民的敬仰和缅怀。

戚继光父子总督坊(2001 年 2 月)

〔明〕邓子龙墓

邓子龙墓(2003 年 3 月)

邓子龙（1531—1598），字武桥。明朝名将。江西丰城人。善骑射，明韬略。嘉靖三十七年（1558）中武举后，转战今福建、广东等沿海抗倭战场讨平倭患，由小旗递升至把总。万历初年，缅甸进犯云南边境，他奉诏任永昌卫（今云南保山地区）参将，扼姚关，出奇制胜，大破缅军，由于治理和守卫云南边境有功，升副总兵。1592年，遭诬陷罢归乡里。1598年复起，任援助朝鲜水师副总兵，参加抗击日军的战争。同年十一月十九日，在露梁海战中，督水军千人、战舰三艘，充当先锋，隐伏于露梁津海峡北侧。当日本援军进入伏击海域时，他迅猛出击，断敌退路。日军反扑，老将邓子龙亲率200名勇士跃上朝鲜战船，与日军拼搏，壮烈牺牲。终年68岁，葬于丰城。著有诗集《横戈集》和兵书《阵法直指》等。云南及朝鲜人民均为他立庙奉祭。

邓子龙庙

邓子龙墓位于江西省丰城市杜市镇邓家村前。墓地状似鱼形，周围溪水萦绕。墓为长方形，前凹后圆。封土长8米，宽6米，高2.5米。坐北朝南。墓前嵌石碑一通，上书“明爱国将军邓子龙墓”。在杜市镇公路旁，建有邓子龙身着戎装塑像。

〔明〕熊廷弼墓

熊廷弼（1569—1625），明朝军事谋略家，著名将领。字飞百，号芝冈。江夏（武昌）人。1598年进士，任保定推官、御史。1608年巡按辽东，实行驻军屯田，修城筑堡，固守边戍，迅速改变军风民气。1619年明军在萨尔浒之战中大败，他以兵部右侍郎经略辽东，力主守御，调兵遣将，扼守要隘，迫使后金军不敢轻进。不久被诬陷罢职。1621年辽东战事告急，他被召入朝，上疏建策：在广宁（辽宁北镇）厚集步骑，牵制后金主力；在天津与登、莱（山东蓬莱、掖县）各设巡抚，置舟师，乘机入辽南；在山海关设经略，节制三方。并主张东联朝鲜，在后金后背按上钉子。遂升兵部尚书。复任辽东经略。后因朝臣主张不一，人心不齐，握有重兵的广宁巡抚王化贞又不听节制，使此方略未完全实现。不久广宁失守，他作为替罪羊入狱，被阉党所害，终年57岁。此冤案史称“自毁长城”。崇祯时昭雪，谥襄愍。有《熊襄愍公集》。

飞白亭(2001 年 3 月)

熊廷弼墓位于湖北省武汉市江夏区熊廷弼公园内。其墓原为砖砌，有碑石、茔垣、松柏等，人称“芝冈墓园”。后荒废。重修后墓高约2米，直径约4米。现存墓碑为清咸丰六年（1856）武昌府所立，高1.2米，宽0.5米，上刻“明兵部尚书辽东经略谥襄愍熊公廷弼之墓”。墓前为熊公祠，内塑熊廷弼坐像。墓前右侧建有“飞白亭”，内立熊廷弼传略碑一通。墓园内松柏滴翠，竹影萧疏，山泉流碧，鸟语花香。

熊廷弼墓(2001 年 3 月)

〔明〕袁崇焕墓

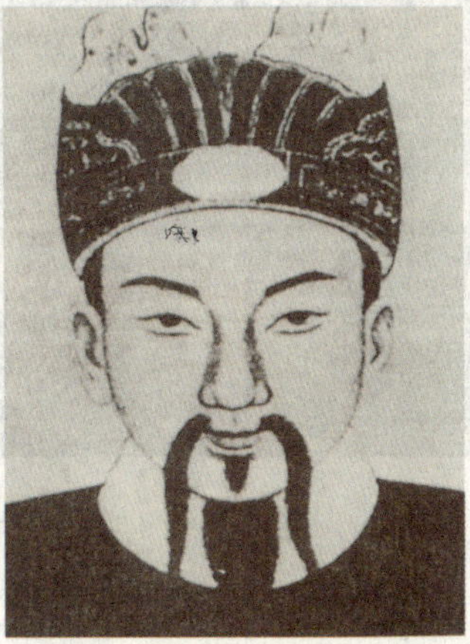

袁崇焕

袁崇焕（1584—1630），字元素，号自如。明朝名将，军事家。广西藤县人，祖籍广东东莞。万历四十七年（1619）中进士，初为福建邵武知县。1622年，以通兵路、晓边事被荐为兵部职方主事。他单骑出山海关考察形势，返京后自请戍守边防，任宁前兵备佥事，助孙承宗筑宁远（今辽宁兴城），设宁锦防线御敌，使宁远成为关外军事重镇。1625年，辽东经略高第下令尽撤关外守军入关，袁崇焕主张坚守宁远，不撤。次年，在宁远之战中采取坚壁清野的策略，指挥军民用大炮和火具击败努尔哈赤所率后金军，以功升任右佥都御史，旋升辽东巡抚。他急修被高第所弃城垣，“用辽人守辽土，且守且战，且筑且屯”。1627年，击败皇太极的进攻，获宁锦大捷。翌年，升任兵部尚书兼右副都御史，督师蓟辽，兼督登、莱、天津军务。1629年，皇太极率军避开宁远、山海关，从长城龙井关、洪山口、大安口入关，进逼京师（今北京）。袁崇焕闻讯星夜驰援，统率诸路援军重创后金军于广渠门外，解京师之危。但崇祯皇帝听信谤言，中皇太极的反间计，以袁崇焕“私通”后金军罪，将其逮捕入狱。1630年

袁崇焕墓(2003 年 3 月)

袁崇焕祠(2003 年 3 月)

八月十六日，被冤杀于北京西市。终年47岁，葬于北京。袁崇焕善赋诗，所作寄托忧国之情，激昂慷慨，“杖策必因图雪耻，横戈原不为封侯”（《袁督师遗集》）正是他耿耿忠心的自我写照。

袁崇焕墓位于北京市崇文区东花市斜街52号。袁崇焕死后，其部下佘义士深明大义，“夜窃督师尸”葬于自家后院（即今址），并立下“子孙永不为官，世代为将军守墓”的家规。乾隆四十七年（1782），为将军平反，真相大白，千古奇冤，得以昭雪。后在佘家寻访到忠臣遗骸，为袁崇焕修建了陵墓。佘氏家族近400年守墓的动人事迹，举世罕见，现在守墓者为佘家第十七代传人。1917年，东莞人张伯祯和康有为等筹款重修了袁墓，并建袁督师庙。1952年，毛泽东批示：“请彭真同志查明处理我意若无大碍袁崇焕祠墓应予保存。”这是毛泽东批准保护文物仅有的孤例。后来袁崇焕祠被居民长期占用。2001年后，才完成居民腾退工作，并对袁崇焕祠、墓进行了彻底的修缮，恢复了其20世纪50年代时的面貌。门楣悬挂“明代民族先烈袁崇焕墓”的匾额。门内庭院植树，正中一条甬道直通墓堂，堂门上客书“明代粤先烈袁督师墓堂”，堂内有袁崇焕手迹“听雨”等石刻五件。堂后为袁崇焕墓，呈圆柱形，高约1.6米，直径约2.5米。墓前立“有明袁大将军墓”碑一通，为道光十一年（1831）二月吴荣光题立。墓右侧有佘义士墓，墓前立“明故先考佘太公之墓”碑一通。

〔明〕左良玉墓

左良玉（1599—1645），明末将领。字昆山，临清（今山东临清）人。少孤，寄叔父处，目不知书，但骁勇善战，多智谋，善笼络军心。初官辽东车右营都司，败后金军，解大凌河城之围。又败后金军于松山（今辽宁开原东南）、杏山（辽宁今锦州西南），以功升为副将。1633年，奉命镇压农民起义军，擢授剿总兵官。1638年，在南阳败来攻之张献忠部。次年，张献忠重起于谷城，他与罗岱奉命追击，被为张献忠大败于房县罗猴山区，降职三级，戴罪视军。1640年，拜平贼将军，旋在川东地区大败张献忠起义军，张被迫退据兴山（今湖北兴山）、归州（今湖北秭归）山区。1641年，于开县又为张部所败。1644年春，封宁南伯。是年夏明亡后，福王朱由崧监国于南京，晋封他为宁南侯，拥兵80万，为南明王朝屏蔽。马士英、阮大铖忌之，并筑板矶城暗防之。1645年，以诛马士英为名起兵于武昌，顺江而下，至九江病死。终年47岁。

左良玉墓位于河南省许昌县苏桥乡苏桥村北。左良玉因在许州与李自成作战有功，死后在此立衣冠冢。封土圆丘形，残高约1米，周长约8米。

左良玉墓(2001年3月)

〔明〕李自成墓

李自成（1606—1645），明末起义军领袖。字鸿基，陕西米脂人。童年给地主放羊，后充银川驿卒。崇祯初年参加农民起义军，号称闯将，几经战败而再起。1635年，起义军十三家七十二营的大小首领在荥阳开会，同意他提出的“分兵定所向”方案，组六路大军迎击敌人，他跟高迎祥、张献忠率主力大军负责突破敌东方防线。近十天，即闪电般挺进千余里，攻占朱元璋家乡安徽凤阳，拿下明王朝这个中都。1636年，高迎祥死，众共推自成为闯王。1640年，他率部进入灾荒深重的河南，纳李岩建议，提出“均田免赋”口号，民众拥护。次年，乘虚克洛阳。1642年，用围城打援战法，在朱仙镇（开封西南）击溃明援军。1643年，在襄阳称奉天倡义大元帅，制定先取关中，再攻山西，后取京师（北京）的作战计划，亲率大军北进河南。同年秋，诱敌深入，在汝州（河南临汝）、郏县（属河南）一带歼明军4万余人，继攻占西安。1644年春，

湖北省通山县的李自成墓(1997 年 11 月)

湖北省通山县的闯王陵

湖南省石门县的闯王陵地宫

湖南省石门县的闯王陵神道(2004 年 5 月)

建大顺政权，年号永昌。尔后挥军北上克京师，明朝亡。之后，明将吴三桂引清兵入关，他骄傲轻敌，迎战失利，被迫退出北京至湖北。在通山县九宫山被地主武装杀害（他死的时间、地点，说法颇多）终年40岁。

李自成统军作战十余年，重视从严管理，训练部队；注意密切民众关系，善于把握战场主动权，常以灵活战法出奇制胜，在中国农民战争史上写下重要一页。

李自成墓位于湖北省通山县东南60公里的高湖乡高湖村。李自成殉难后，被草葬于九宫山北麓牛迹岭。墓地原为荒凉山坡，仅存孤冢。1965年开始整饬，1975年修建成陵园，依山势自下而上增建了拱桥、牌坊、层台、花坛、小亭、陈列馆和休息厅等，形成占地面积1.1平方公里的闯王陵园。墓冢在陵园正中平台之上，祭台前立绿色大理石墓碑，上刻郭沫若手书“李自成之墓”。被列为全国文物保护单位。

位于陕西省米脂县的李自成行宫(2000 年 10 月)

在湖南省石门县也有一座闯王陵。传说李自成兵败后隐居于此，入夹山寺为僧，自号为奉天玉和尚。死后葬墓塔，墓前建造壮丽。

〔明〕史可法墓

史可法

史可法（1601—1645），明抗清名将。字宪之。河南祥符（开封）人，祖籍顺天府大兴县（北京）。1628年进士。任西安府推官、右参议，在安庆、池州（均属安徽）等地镇压农民起义军，升南京兵部尚书。1644年，弘光政权加封他为武英殿大学士，遣其督师杨州，抗击清军。他加强扬州至淮北一带防御，调解镇将矛盾，拒绝清廷招降，并亲赴淮北重镇清江浦（江苏淮阴），挥军克宿迁、邳州（均属江苏）。1645年，清军困扬州，多次劝降，他拒之。他宣布临阵军令：“上阵不利，守城；守城不利，巷战；巷战不利，短接；短接不利，自尽”。率军民坚守孤城，击杀清军数千。城破，他自杀未遂被俘，不屈遇害，终年45岁。著有《史忠正公集》。

史可法墓(2000 年 4 月)

都督刘肇基带残部400余人展开巷战，人尽矢绝，无一降者。

史可法墓位于江苏省扬州市广储门外街24号梅花岭畔。史可法就义后，家人遍寻遗骸不得，乃葬其衣冠于梅花岭下。清乾隆年间在墓区建祠，并谥“忠正”。

史可法墓祠，大门临河，东为墓，西为祠，并列相连。东门两边有槟榔纹石鼓一对，上额“史公墓”，三个大字。进门正中为享堂，堂前两边悬张尔荩撰名联：“数点梅花亡国泪，二分明月故臣心”。堂内有史可法塑像。堂后为史可法衣冠冢，墓前有砖砌三门四柱牌坊，上额“史忠正公墓”，与三面围墙形成墓域。封土前立青石墓碑，上镌“明督师兵部尚书兼东阁大学士史公可法之墓”。墓高1.6米，周长约20米。“文革”中，墓被夷平，1979年修复时，出土有腰带玉片20块，确证为衣冠冢，与史籍记载相合。墓后两边院墙各开一月洞门，额题“梅花岭”。墓域银杏蔚秀，梅花暗香浮动，象征着史可法的高风亮节。

史可法墓外景(2004 年 4 月)

史可法墓祠为省重点文保单位。

史可法祠(2000 年 4 月)

〔明〕郑成功墓

郑成功（1624—1662），明清之际军事家。原名森，字明俨，号大木。福建南安人。自少习文练武，研读兵书。22岁任明隆武帝御营中军都督。1646年，其父郑芝龙降清，他泣劝无效，遂与之决裂，募兵抗清。他以福建金门、厦门为基地，建立水陆部队，在闽南小盈岭、海澄（龙海）等地取得三次重大胜利，歼灭驻闽清军主力，威震东南。清廷进剿失败，遂遣使招降，许授靖海将军，后又以杀父灭族相威胁。他不为所动，整军筹饷，督练部队，挥师北取浙江舟山，南破广东揭阳，南明永历帝封他为延平王。1655年，清定远大将军济渡率兵约3万入闽，会同驻闽清军进攻。他聚兵金、厦，针对其不善水战的弱点，诱其出海作战，次年夏将其水师歼灭于厦门围头海域。1658年，他统率水陆军17万北上，次年入长江，克镇江，围南京，后中清军缓兵之计，损兵折将，败退厦门。1660年，在福建海门港（龙海东）歼清将达素所率水师4万余人。1661年初，他乘侵占台湾荷兰殖民军兵力薄弱，亲率将士2.5万，战船数百艘，自金门料罗湾出发，经澎湖，出敌不意地在鹿耳门港及禾寮港登上台湾岛。在他登陆的第三

郑成功墓正门(2000 年 3 月)

郑成功墓(2000 年 3 月)

天，殖民总督揆一即派战将阻击，被他打死。再派援军，又予歼灭。在台湾民众支援下，先夺取荷军防守薄弱的赤嵌城（台南市内），继又对防御坚固的首府台湾城（台南市安平镇）长期围困。后击败荷兰援军，迫揆一于1662年2月1日签字投降，撤离台湾，被荷兰侵占38年的台湾，回归中国版图。他废除荷在台殖民体制，建立行政机构，为收复和开发台湾做出重大贡献。同年6月病逝，年仅39岁。

郑成功墓位于福建省南安县水头镇康店村复船山腰，距郑成功故乡石井8公里。

郑成功病逝后，初葬台南洲仔尾。1683年，郑成功之孙郑克塽归清，挈眷入京，封汉军公。塽“念台湾远隔溟海，祭扫维艰”，具疏清廷乞迁葬内地。康熙皇帝特恩准郑成功墓迁葬故乡祖茔，并赐挽联，赠“忠臣”匾额。1699年5月22日，迁葬于七世祖乐齐郑公茔内。随同迁葬的有郑成功父亲郑芝龙，母亲翁氏(即日女田川氏)，元配夫人董氏，儿子郑经与儿媳等，一共六部棺材归葬祖茔。

郑成功墓区占地100亩，顺山势而建。墓坐东朝西，墓身长23米，宽18米。墓室由三合土构筑，列3排，分9室。墓碑系整块花岗岩雕琢而成，高0.75米，长1.85米，呈“山”字形。墓前有八角形石华表一对，高14米，顶端雕有坐狮。

1929年4月，郑成功墓被盗。郑氏家族顺便将郑成功棺椁打开，在朱红色棺内，发现底部有很多水银，郑成功骨骸完整，人很高大。从棺内清理出玉带、靴面、藤盔、金狮、玉扇和龙袍残片等物品。1982年，郑成功墓被列为全国重点文物保护单位，政府拨款修建了围墙、墓道、台阶和山门等。在山门横梁上，由沈鹏题写“郑成功陵园”五个大字。园内草木葱茏，气势磅礴，雄伟壮观。

位于福建省厦门市的郑成功纪念馆(2001 年 3 月)

〔明〕张煌言墓

张煌言（1620—1664），南明抗清名将。字玄著，号苍水。浙江鄞县（今浙江宁波）人。1642年中进士，1645年清军渡江后，他积极参加了宁波地区的抗清斗争，与张名振等拥立南明鲁王朱以海，监国于绍兴，后追随鲁王一行抵舟山。不久，鲁王在福建长垣重建临时政权，他历任翰林院修撰、右佥都御史、兵部右侍郎等职。清军在1651年攻陷舟山，他偕鲁王转移至金门，与郑成功联合作战，先后多次率部攻入长江，并与清军在舟山一带周旋。

张煌言墓(2002 年 4 月)

1658年，被永历帝（即桂王朱由榔）遣使封为兵部尚书兼东阁大学士。次年，清军兵分三路大举向云贵地区进攻，为了牵制清军兵力，他与郑成功一起屡次入长江作战，进围南京，兵逼芜湖，收复大江南北四府三州二十四县，城池近三十座。一时声威大振，江淮各地为之震动。后因郑成功轻敌，为清军击败。他由于孤军作战，难

张煌言墓前的石刻(2000 年 11 月)

以成事，只好撤军到安徽英霍山区。后几经周折回到浙东家乡。他拒绝清政府的招降，暗自组织抗清队伍，在福建东蚶、长腰二岛被清军击败，退往舟山一带。1664年夏，张煌言见大势已去，被迫解散队伍，隐居于南田岛（今浙江象山南），从事写作，整理著述。后被人出卖被捕。在杭州江口临刑前，题绝命辞一首，高呼："好山色"，挺立受刑，英勇就义，终年45岁。有《张苍水集》传世。

张煌言墓前的石牌坊(2000 年 11 月)

张煌言墓位于浙江省杭州市西湖南屏山荔子峰下。北邻章太炎墓，与岳飞墓隔湖相望。在省重点文物保护碑上，标有"张苍水墓"字样。墓冢建在平台上，封土高约1.5米，绕墓有圆形古砖墙一圈，周长约16米。墓前立"皇清赐谥忠烈明兵部尚书苍水张公之墓"石碑一通。平台下为甬路，两侧有马、虎等石刻数对，甬路前端为三门四柱石牌坊。甬路旁建有张苍水祠，内展张苍水生平事迹。墓区古木森森，葱茏蓊郁，环境甚为幽静。

张煌言祠(2000 年 11 月)

〔清〕杨古里墓

杨古里墓碑碑头(2001年4月)

杨古里（1571—1636），姓舒穆禄氏。吉林珲春人。因父亲郎柱与努尔哈赤过从甚密，便把年少的杨古里送至建州服侍努尔哈赤。不久，其父在一次部落混战中被害身亡，母亲身背小弟骑马冲出营寨，投奔努尔哈赤。后来，杀害郎柱的凶手也归顺了努尔哈赤。杨古里不顾一切杀死仇敌，并割其耳、鼻当众吃掉，以解切齿之恨。努尔哈赤听说甚表惊讶，认为只有14岁的杨古里非常人可比。将他收为额驸。杨古里胆略过人，英勇善战。在奉命守鸭绿江时，他防守严密，打击有力，使敌人不敢入犯。1585年，征哈达部时，他冲杀在前，活捉该部贝勒孟格布禄，立下殊功。1607年，努尔哈赤派长子褚英迎接珲春斐悠城酋长的归附，杨古里率兵300护送。途中，遇乌喇部万余兵马拦截，他手下兵退缩不前。杨古里高声喊：“你们总说，与其在家死于病，不如在战场死于拼，现在报国立功的时候到了，怎能退却不前?”说着，他手持长矛跃马冲入敌阵，众兵在他的激励下，个个奋起精神拼杀，敌人大败而逃。在萨尔浒战场上他受了伤，仍率领士兵从山上疾驰而下，给明马林军以重创，为萨尔浒大战的胜利立下了汗马功劳。杨古里身经百战，功勋卓著，多次负伤。所以，在攻下辽阳城后，努尔哈赤命他不再参战。并授给他一等总兵官爵位，统领左翼八旗，位在诸王之下，众官之上。但他仍然身不离鞍，手不离刃，最后在战场上，被敌兵火枪击中身亡，终年66岁。追封为武勋王。

杨古里墓位于辽宁省沈阳市于洪区陵东乡上岗子村（清昭陵东约1.5公里处）。杨古里死后，太宗皇太极亲临其丧，并赐御用衣冠一套入葬，将其陪葬在太祖的福陵旁，并钦赐墓碑。1643年，太宗死，顺治皇帝以杨古里生前与太宗关系亲近，将其改陪，葬于昭陵。清康熙、乾隆、嘉庆和道光皇帝东巡祭祖时，都亲至杨古里墓祭扫，并为他立碑、赋诗，以颂扬他的功绩。现在杨古里墓、碑已不存。据村里百岁老人回忆，解放前还有墓冢和碑，几十年前，因建房将墓铲平，但巨碑尚立在原处，现在碑也不知去向了。经查找，尚存碑首一块，上面雕刻二龙戏珠图案，现存杨古里墓遗址旁的旧菜窖中。

〔清〕尚可喜墓

尚可喜（1604—1676），字元吉，号震阳。清朝将领。先世山西洪洞人，迁河北衡水，后徙辽东海州（今辽宁海城市）。尚可喜生于海州，少年随父从军，为明戍边。其父尚学礼为明东江镇游击，战死于楼子山。明廷擢尚可喜为副将，隶东江总兵官黄龙部下，驻于广鹿岛。1633年，明将孔有德降后金，并引导后金兵攻占旅顺，黄龙兵败自杀。明廷以沈世奎为总兵官，其部校王庭瑞、袁安邦诬陷尚可喜，为尚知悉，便于1634年率部归后金。次年正月，尚可喜为后金攻占长山、石城两岛，皇太极给予优厚的礼遇；四月入觐，皇太极郊迎10里，任尚为总兵官，其军号曰“天助兵”，驻军海州。1636年（清崇德元年）四月，封为智顺王。是年，从征朝鲜。次年，从贝勒石托攻克皮岛，斩明总兵沈世奎。1642年，隶汉军镶蓝旗。翌年，取中后所、前屯卫诸城。1644年，随清军入关，攻李自成农民军，斩李自成部将谷可成。次年，败农民军李锦部，克延安。又追击李自成于湖广。李自成于九宫山死后，还师辽东仍镇海州。1646年，随平南大将军孔有德征湖广，败明将徐松节和农民军郝摇旗部。1649年，改封平南王，与靖南王耿仲明合征广东，兵克南雄。翌年，攻克广州。1652年，率兵入广西，下廉州，克钦州，

尚可喜

尚可喜墓(2002 年 5 月)

康熙御赐碑(2002年5月)

收复诸郡县。1654年，南明李定国部以万人攻广东，他与珠玛喇将军合军击败之。广东平，遂留镇守，与吴三桂、耿仲明合称三藩。他一生历经战役70余次，为清朝统一大业立下不朽的战功。清廷叙功，增尚可喜岁俸千两。1671年，因疾，其子尚之信代理军事。1673年三月，70岁的尚可喜，请求撤除藩王之封，以便归老辽东，清廷允许他的请求。平西王吴三桂、靖南王耿精忠不自安，也相继假意请求撤藩，清圣祖玄烨皆允其请。同年十一月，吴三桂反叛。次年，耿精忠又反。尚可喜在吴、耿叛乱后，坚决站在清政府立场，具疏自陈“惟知矢志效忠”，为维护国家民族统一，为清政府最后平叛起到关键作用。因此，清廷给予嘉奖，并派他与两广总督金光祖协力筹划战守。1675年正月，进封为平南亲王，授平南大将军，以次子尚之孝袭爵，之孝辞不受。1676年二月，长子尚之信忽派兵包围尚可喜府第叛清，尚可喜卧病不能制止，愤而自杀，为左右所救，从此，因忧惧病情加剧。同年十月，病故。终年73岁，遗嘱归葬海州。清廷赐恤，谥号“敬”。

尚可喜墓位于辽宁省海城市八里镇小新村文安山祖茔内。清廷拨付巨资赐建宗祠及陵园，并派两名四品、五品官佐领守坟。原陵寝内外碧瓦红墙，苍松掩映，蔚为壮观。有清以来一直受到保护。20世纪60年代始遭毁坏。后经族人集资重修，现已恢复园廓并建起纪念馆。陵园占地约4.6万平方米，正门前立康熙御赐碑。墓建在园内平台上，呈圆丘形，底边砌砖墙绕墓一圈。墓高约3米，周长约30米。墓前有康熙二十年立“清平南敬亲王尚公讳可喜之墓”碑一通，原碑已毁，此碑为其后人重立。纪念馆内有尚可喜的塑像、画像及遗物。通过展出的文物，可一览尚可喜戎马一生的业绩。

〔清〕彭春墓

彭春及夫人诰命墓碑

彭春（？—1701），一作朋春。清朝名将。栋鄂氏，满州正红旗人，清开国功臣何和礼四世孙。1652年，袭其父哲尔木一等公爵。1676年，加太子太保，授正红旗蒙古副都统。

1682年二月，调回本旗满州副都统，偕副都统郎坦侦察沙俄侵黑龙江形势。1685年，以都统职与郎坦等奉命统军进剿沙俄侵占的雅克萨（今俄罗期阿尔巴津诺，在黑龙江北岸）。兵临城下，遣人谕降，俄军拒降。遂分兵数路夹击，俄军死伤甚重，敌帅托尔布津走投无路，被迫出降。彭春为示皇上柔远之意，给予降敌宽大处理，将俄军600余人悉数放回。1690年，彭春随裕亲王福全征噶尔丹，任参赞军务。因中敌人伪降计，致敌逃遁，被降四级留任。1696年，复授正红旗蒙古都统。不久，为抚远大将军费扬古参赞，参加了大破噶尔丹军于昭莫多（今蒙古国乌兰巴托东）的战役。1699年，因病解职。1701年四月去世，葬于辽阳。

彭春墓位于辽宁省灯塔市西大窑镇公安堡村东北。占地面积约1000多平方米，墓向北偏东。1975年发掘，为近圆形土圹墓，葬具为双重长方形木椁，松木质。棺内用条木隔成同等大小的六个方形小室，每室有一堆骨灰，都用衣衾包裹，这是彭春及其五个妻属的合葬墓，与碑文所记六人一致。双重木椁的多室骨灰葬，在清代墓葬中还是首次发现。现地面封土无存，尚有几件石碑座散落在草丛中，墓碑移至辽阳市博物馆内收藏。

彭春墓龟趺

〔清〕施琅墓

施琅（1621—1696），原名郎，字尊侯，号琢公。清朝著名将领。福建晋江衙口人。容貌魁杰。

施琅墓(2003 年 3 月)

施琅初为明总兵郑芝龙部下左冲锋。顺治三年（1646），随郑芝龙降清。从征广东，戡定顺德、东莞、三水、新宁诸县。历任同安副将、总兵，福建水师提督，授内大臣，隶汉军镶黄旗。康熙三年（1664），授靖海将军。1681年，福建总督姚启圣、内阁学士李光地均奉请康熙帝利用台湾郑经（郑成功长子）死，其子克爽年幼之机攻取台湾，并推荐施琅任攻台事宜。康熙复授施琅为福建水师提督，加太子少保，令相机进取。施琅认为澎湖为台湾门户，澎湖不破，台湾断难攻取，如攻占澎湖，台湾不攻自破。他加紧训练水师，派间谍潜入澎、台联络旧部以为内应。1683年6月，施琅率战舰300艘，水师两万人，自铜山出发，连克花屿、猫屿、草屿，乘南风进泊八罩。由于澎湖防守甚严，进攻受挫。六月二十二日，清军分三路进攻澎湖：东路攻鸡笼山，四角山；西路攻牛心湾；中路攻娘妈宫。经过七八个小时激战，清

施琅墓前的石坊(2003 年 3 月)

军以众击寡，风利船快，又多用火器，先后焚毁、击沉守船200余艘，守将刘国轩仅率小船数十艘逃回台湾。施琅占领澎湖后，立即安抚居民及降卒，发给银、米，医治伤员，愿归家者以小船送回台湾。台湾军心瓦解，士无斗志。郑克爽于七月遣使乞降。八月，施琅统兵至台湾，郑克爽率属剃发出迎，缴延平王金印，台湾平。施琅以功封靖海侯，世袭罔替，并赐御袍、花翎。对台湾的善后事，许多大臣提出放弃台湾，施琅力主设兵守台，以屏障东南。朝廷采纳他的建议，设置台湾府和诸罗、台湾、凤山三县。

施琅墓前的石刻

施琅治军严整，通阵法，尤善水战，谙海中风候。1696年卒于任所。终年76岁，葬于惠安。赠太子少傅，赐祭葬，谥襄壮。著有《平南实录》、《靖海纪事》。

施琅墓位于福建省惠安县黄塘镇虎窟山，为施琅与两位夫人的合葬墓。墓区占地6800平方米，墓坪进深约100米，阔50米。墓冢前平后圆，高2.8米，周长40米。墓前立碑，中间书“皇清光禄大夫太子少傅靖海将军侯襄壮施公赐茔”，左右各书“一品夫人王氏和一品夫人黄氏”。墓前有三门四柱石牌坊，上额书“钦赐祭葬”四字，再前有碑亭四座，亭内各立御碑一通。神道两侧有狮、羊、虎、马、文臣、武将等石刻六对。

施琅故居(2003 年 3 月)

该墓规模宏大，工艺精致，对研究闽南清代墓制及石刻工艺有重要价值。

〔清〕林则徐墓

林则徐

林则徐（1785—1850），鸦片战争中抗英统帅。字元抚，又字少穆，石麟，晚号立矣村老人。福建侯官（福州）人。1811年中进士。1831年，任东河河道总督。次年，调江苏巡抚。1837年，任湖广总督，推行禁烟措施。1838年11月，任钦差大臣，抵广州查禁鸦片。为了解西方情况，他派人翻译外文书报，编译《四洲志》，主张对外商区别对待，孤立烟贩。与两广总督邓廷桢等，迫使英美烟贩缴出二百三十七万余斤鸦片，在虎门销毁。同时，林则徐积极筹备海防，购置外国大炮，搜

林则徐墓(2000 年 3 月)

集外国船炮图样准备仿制。组织团练，倡办义勇。亲赴虎门布防、督师，屡次打退英军挑衅。次年，任两广总督。鸦片战争爆发，与关天培严密设防，抵抗英军侵略。英军攻粤闽未逞，改攻浙江定海、北侵大沽。道光帝惊恐求和，归

林则徐纪念馆(2000 年 3 月)

咎林则徐在广东“办事不善”，革去职务。1841年，赴浙江筹划海防。在浙积极筹议守战，提供炮书，帮助研制新式炮车和车轮战船。次年，被充军新疆到伊犁。1845年起署陕甘总督，次年，授陕西巡抚。1847年，升云贵总督，镇压西北、西南少数民族起义。1849年，因病辞职。次年起为钦差大臣，赴广西镇压太平天国，行至广东普宁县病逝。终年66岁。赠太子太傅，谥文忠。林则徐能诗文，其著作辑为《林则徐集》。

林则徐墓位于福建省福州市北郊马鞍村金狮山麓 (现省军区院内)，是林则徐和父母的合葬墓地。

1824年，林则徐选中了金狮山 (面对五凤山) 这块风水宝地，为其父母在此营建墓地。林则徐病逝后，与夫人及其弟夫妇祔葬于此，共为六圹。墓为三合土结构，共五层台。前低后高，顺山势而建。墓冢有双重半圆形屏墙，呈围椅状。墓区宽13.2米，进深24.6米，封土高约1米。墓前有一横额，上书“五凤来翔”四个大字。再前有石狮一对，石狮后面立“御赐碑文”和“御赐祭文”碑各一通。墓区林木环护，庄严肃穆。为全国文保单位。

〔清〕关天培墓

关天培

关天培墓位于江苏省淮安市城东乡南窑村三里塘。

关天培（1781—1841），字仲因，号滋圃。鸦片战争中抗英名将。江苏山阳（今淮安）人。出身行伍，历任把总、守备、都司、游击、参将等职。1826年，江浙试办海运，关天培督押海船千余艘，运漕米百余万石，自吴淞安抵天津，以功升署江苏太湖营水师副将。次年，授江南苏松镇总兵。1834年，擢广东水师提督，驻师虎门寨。

广东是当时鸦片走私猖獗的地方。关天培抵粤后，亲至沿海视察，增修虎门、南山、横档诸炮台，添铸六千斤大炮数十座。1839年春，他配合钦差大臣林则徐查禁鸦片，收缴英船鸦片237万多斤于虎门销毁。为防止英国军舰进犯，奉林则徐之命，进一步整顿海防，在虎门附近安设木排铁链，督率水军认真操练。同年11月3日，英舰两艘在穿鼻洋攻击广东水师，关天培率领官兵奋勇还击，六战六捷，挫败挑衅。1840年12月，钦差大臣琦善抵广州，散勇撤防，毁弃虎门防线，关天培反对对英妥协。1841年1月，英军攻陷沙角、大角炮台，虎门危急。2月末，英军大举进攻

关天培墓（2000年4月）

虎门，关天培请求琦善增派援军，琦善不许。关天培率兵坚守炮台，昼夜督战，多次打退登陆英军冲锋，重创敌舰3艘，大量杀伤敌人。他“身受数十创”、“鲜血淋漓，衣甲尽湿”，犹持刀拼杀。最后，终因寡不敌众，与所部数十人壮烈牺牲。终年61岁。

关天培率部击退英军图

关天培殉国后，侍卫孙立从战乱中找到遗体，运回淮安故里安葬。关天培墓，原为土圹，新中国成立后人民政府拨款维修。坟盘为块石水泥结构，墓呈土丘形，环墓有青砖墙一圈。墓高1.35米，周长24米。墓前立“关忠节公天培之墓”石碑一通。墓区植有柏树，以彰忠列。

在淮安城内建有关天培祠，坐北朝南，由前后殿和东西厢房组成的四合大院。享殿内有关天培官服坐式塑像，一对亲随执剑捧书侍立两旁。殿门左右悬挂着林则徐“待罪广州”时撰写的木刻挽联：“六载固金汤，问何时忽坏长城，孤注空教躬尽瘁；双忠同坎坛，闻异类亦钦伟节，魂归相送面如生。”

关天培祠（2000 年 4 月）

〔清〕陈化成墓

陈化成墓位于福建省厦门市金榜山麓。

陈化成（1776~1842），字业章，号莲峰。鸦片战争中抗英名将。祖籍福建省同安县。生于金门，后家居厦门市草埔埕。出身行伍，历任把总、参将、副将、总兵等职。1830年，升任福建水师提督，驻守厦门。1839年10月，率师船在梅林洋面（今福建泉州附近）驱逐骚扰闽海的三艘英国军舰，曾受炮伤。1840年，调任江南水师提督。在两江总督裕谦的支持下，他积极筹备吴淞防务，修台铸炮，沿海塘筑土堡26处。为增强江南水师的战斗力，以所带福建亲兵对其严加训练。深得驻地军民拥护，被尊为“陈老佛”；英军畏惧他，称他为“陈老虎”。1842年4月，英国侵略军攻陷乍浦，江苏大震。陈化成率军驻守吴淞西炮台，与东炮台、小沙背形成犄角之势。

同年6月，英舰队进逼吴淞口，驻守在东炮台的两江总督牛鉴，以敌众我寡主张缓师避敌，遭到陈化成坚决反对。6月16日，英舰向吴淞口大举进攻，陈化成麾旗发炮，重创英舰多艘，死伤300余人。后因牛鉴逃遁，部分军心动摇，英军占领小沙背和东炮台，集中兵力进攻西炮台。西炮台孤军作战，腹背受敌。部将周世荣对陈化成说：“事不可为矣，请公远行。”陈化成拔剑怒斥道：“庸奴，误识汝！”周世荣见状，自己逃

陈化成墓（2000年3月）

走。陈化成依然率部坚持抵抗，数次拒绝接受牛鉴要他撤兵的命令。由于孤军无援，守台官兵纷纷战死，陈化成亦中弹负伤，但仍亲自点火施放大炮。最后，大批英军涌至，他身中 7 弹，壮烈殉国。终年 67 岁，谥忠愍。

英军进犯江苏镇江，陈化成率清军予以重创

陈化成墓是与其夫人曾氏合葬墓。陈化成殉国后，尸体被武进士刘国标掩藏起来，几天后，运至嘉定县城。人们见陈化成身中铅弹百余粒，入殓时，嘉定人民自发罢市祭奠，清政府钦赐祭葬。同年，灵柩运回厦门金榜山安葬。墓葬颇具规模，占地 1000 平方米，四周建有护栏。墓呈马蹄形，墓前两侧有石狮、华表各一对，正前方为陈化成塑像，他站在炮台上，手握宝剑，威风凛凛。墓碑上题“皇清诰授振威将军赐谥忠愍陈公诰封一品夫人德配曾夫人茔”。金榜山青松苍翠，巨石挺立，气候宜人，景色秀丽。该墓曾多次维修，成为人们瞻仰凭吊和进行爱国主义教育的场所。

为纪念这位爱国将领，在厦门、上海、金门、澎湖、台湾均建有陈公祠。

〔清〕邓廷桢墓

邓廷桢 (1774—1846)，鸦片战争中抗英统帅。字山解筠。江苏江宁 (今南京) 人。1801年中进士，选庶吉士，授编修。历任知府、按察使、布政使、巡抚等职。1835年，升两广总督。1837年，英商以武力为后盾破坏禁烟，他寸步不让，与关天培认真备战，严密布防，同英军六次接战，英船皆伤退。同时，缉捕走私船，使鸦片无法内运。1839年，林则徐抵广州禁烟，他积极支持，取得了虎门销烟的伟大胜利。次年，调任闽浙总督，严禁鸦片，整军练武。7月，击退进犯厦门的英国舰队，却遭投降派陷害。9月，邓与林则徐同被革职。在广东听候处理期间，极力反对把厦门、香港让给英国作商埠。英军进攻虎门，他与林则徐力促琦善派兵支援，却不被置理。1841年，发配伊犁。1843年释回，任甘肃布政使。1845年，任陕西巡抚。1846年病死，终年73岁。遗著有《双砚斋诗抄》等。邓廷祯墓位于江苏省南京市东郊15公里的邓家村灵山下，是邓廷祯与夫人张氏的合葬墓。

邓廷祯墓背倚灵山，西南向。墓前原有邓廷祯夫妇两块墓碑，一刻“皇清诰封荣禄大夫振威将军显考山解筠府君之墓”，一刻“皇清诰封一品夫人显妣张夫人之墓”，皆篆体阴刻，下款“男尔晋咸巽敬立道光贰拾陆年”。1958年修水库时，两碑被湮没大蒲塘水坝内。1962年10月重立碑，碑文阴刻“清两广闽浙陕甘总督邓廷祯之墓”。南京市对该墓曾进行三次维修。现墓水泥封顶，圆形，如同安全帽。墓高约2米，周长约15米。墓区树高竹密，郁郁葱葱。为省文保单位。

邓廷桢墓(2000 年 3 月)

〔清〕葛云飞墓

葛云飞塑像

葛云飞（1789—1841），鸦片战争中抗英名将。字鹏起、凌台，号雨田。浙江山阴天乐乡（萧山进化乡）人。自幼勤学苦练，得中武进士。在黄岩、瑞安、温州等水师任职。1838年，任定海总兵。次年，因父死回籍。1840年，英军侵占定海，浙江巡抚乌尔恭额与提督祝廷彪急邀他主持镇海军事。此时葛云飞丁忧在里，闻悉后，以国事为重带孝出征。他以劲兵扼守招宝、金鸡两山，并请求出兵收复定海，为钦差大臣伊里布所拒。次年与王锡朋、郑国鸿带兵三千接收定海，筑炮台增强定海防务。九月底，29艘英舰来犯，三总兵出城分守要地，葛云飞率部踞守土城，当敌要冲。英军进攻，血战六昼夜，孤军无援，众寡不敌，王、郑两总兵战死，他坚守奋战，亲自燃炮，阻击英军。后救援竹山门，与敌肉搏，身被数十创，英勇牺牲，终年53岁。为近代史上抗英的民族英雄。著有《名将录》、《制械要言》、《制药要言》、《水师缉捕管见》、《浙海险要图说》及诗文凡数十卷。

葛云飞墓位于浙江省萧山市所前镇三前王村南。墓冢坐东北朝西南，呈半凹圆形。墓宽7.5米，深8米，高4.2米。墓碑嵌在坟头，阴刻“诰授振威将军追赠太子少保葛壮节公之墓”。碑额上“忠荩可风”四字系咸丰皇帝御笔。该墓为省重点文保单位。

葛云飞墓（2000年11月）

墓前建有葛云飞纪念馆，内展葛云飞生平和遗物。

〔清〕僧格林沁墓

御赐僧格林沁碑（2003年7月）

僧格林沁（1811—1865）。蒙古贵族出身的清军大将。科尔沁旗（今属内蒙古自治区）人，博尔济吉特氏。他是道光皇帝姐姐的过继儿子。1825年，袭科尔沁郡王爵，历任御前大臣、都统等职。1853年秋，太平天国天官副丞相林凤祥、地官正丞相李开芳等率北伐军二三万人突入直隶（今河北）。九月九日，清帝特命惠亲王绵愉为奉命大将军，僧格林沁为参赞大臣，部署抵御。他率京营兵出驻涿州（今河北涿县）。太平军进抵天津，屯据静海、独流。钦差大臣胜保所部当前敌，僧格林沁移军王庆坨守二线。次年正月，太平军在饥寒中南撤。他率部追击。太平军据守连镇，又分兵至高唐。他在连镇周围挖壕筑墙，长期围困。到1855年正月，太平军已极度饥疲，清军始攻入连镇，俘林凤祥。继移军高唐接替胜保。高唐李开芳部太平军走冯官屯，僧格林沁仍筑墙包围，并引运河水倒灌，俘李开芳。北伐的太平军遂完全败没。他以功进亲王，并世袭罔替。第二次鸦片战争期间，僧格林沁为钦差大臣，加强大沽口海防工事。1859年五月，挫败来犯的英法舰队，毁伤敌艇10艘，歼敌500余名。翌年夏，英法联军1.7万人入侵。他不守北塘，敌乘隙由此登陆，迎战不利，大沽和天津失守。八月，又败于京东张家湾、八里桥，北京失陷。同年冬，复奉命南下镇压山东、安徽各地捻军等抗清武装。1863年，攻占捻军根据地雉河集（今安徽涡阳），杀捻军领袖张乐行。捻军被迫流动作战。他穷追之于豫、鄂各地，1865年四月，追至山东菏泽县境，在高楼寨之战中被捻军围歼，他逃至附近吴家店（今吴庄）被杀死。终年55岁，葬于法库。

僧格林沁墓位于辽宁省法库县四家子蒙古族乡公主陵村的北山坡上。僧格林沁死后，清廷以忠亲王礼为他建陵立碑。现墓已不存，墓碑保存完好。碑全高5.67米，宽1.30米，厚0.58米。碑首四龙盘饰，用满汉两种文字镌刻“圣旨”两字，龟趺座。墓区尚有石狮两件。

〔清〕曾国藩墓

曾国藩（1811—1872），晚清军事家，湘军的创立者和统帅。初名子城，字涤生。湖南湘乡人。1838年进士。历任内阁学士，礼、兵、刑、吏等部侍郎。1853年初，为对抗太平天国革命，奉命在湖南帮办团练，后扩编为湘军。次年，发布《讨粤匪檄》，极力诋毁太平天国革命，率兵阻击进军湖南的太平军石祥祯部，占岳州。后石祥祯得到林绍璋增援，再攻岳州，湘军败退长沙。太平军乘胜追至靖港，曾国藩亲率水师来犯，被击溃，陆师亦败。曾投水，被部下救起。但湘军塔齐布、周凤山、褚汝航等在湘潭败林绍璋部。曾国藩率湘军水陆夹攻，夺岳州，占武昌。继之三路东进，突破田家镇防线，兵锋直逼九江城外。1855年，水师冒进，轻捷战船突入鄱阳湖，被太平军打败。座船被毁，曾国藩仅以身免，退守南昌。此后曾国藩用兵更加稳慎，深谋远虑，宁迟勿速。1856年，太平天国发生"杨韦事变"，曾乘隙恢复力量，督兵再陷武汉。又以杨岳斌、李续宾率湘军再攻九江。至1858年李续宾用地雷轰塌城墙，占九江。1860年，曾升任两江总督。节制浙、苏、皖、赣四省军务，部署夺取安庆的计划，命道员曾国荃军围安庆，并亲驻皖南祁门统率诸军。为解安庆之围，太平军再次西征，一度逼近祁门，曾以无计逃脱，写下遗嘱。太平军三次增援

曾国藩墓(2003年11月)

安庆未果。1861年秋，湘军攻陷安庆。遂派曾国荃、彭玉麟围攻天京（今南京）。曾还主张“借洋兵助剿”，派李鸿章到上海，左宗棠入浙江，伙同英人戈登的“常胜军”、法人德克碑的“常捷军”夹攻太平军。1864年7月，攻陷天京。曾国藩因之封一等侯爵。次年，调任钦差大臣，对捻军作战，战败去职。早年湘军使用的洋炮，大多购自外国。1862年，曾国藩于安庆特设军械所，后又与李鸿章、左宗棠创办江南制造局、福建马尾船政局等军事工业。清代洋务运动自此始。1870年在直隶总督任内查办天津教案，残民媚外，受到舆论谴责，再调两江总督。1872年病死。终年62岁，谥文正。辑有《曾文正公全集》。

曾国藩墓碑(2003年11月)

曾国藩墓前的石刻(2003年11月)

曾国藩墓位于湖南省望城县坪塘镇桐溪村东北。占地面积约300平方米，由神道、墓庐、拜堂、墓冢等组成。据当地人讲：“文革”期间该墓被盗，尸体尚好，皮肤仍有弹性，如同马王堆汉墓女尸。盗后，又将尸体埋入墓穴。1989年修复。封土堆高1.5米，底径3米，三合土掺石筑成。花岗岩墓围。墓前有望柱、翁仲等。汉白玉墓碑三通，主碑高3米，宽1.5米，碑文楷书，记载墓主姓名及官职等。为省级文物保护单位。

〔清〕杜文秀墓

杜文秀（1823—1872），字云焕，号百香。清咸丰、同治年间云南回民起义领袖。云南永昌（今保山）金鸡村人，回族。出身商贩家庭，传为禀生。道光二十五年（1845），以代表身份赴京控告汉族地主团练“香把会”勾结官府屠杀回民，未获公正处理。咸丰六年（1856），清政府挑拨汉回关系，侵占回民矿权，云南巡抚亦密令各地“聚团杀回”，各地回民心怀疑惧，聚众自保。同年九月，遂起兵于蒙自（今巍山），汉、彝、白、傣、纳西、景颇、傈僳、哈尼等各族人民纷起响应。义军攻克大理，建立“平南国”，杜文秀被推为“总统兵马大元帅”，在大理建大元帅府，设文武职官。提出“连回汉为一体”“驱逐鞑虏，恢复中华”，“剪除贪污，出民水火”，“革命满清”等口号。义军纪律严明，所到之处，秋毫无犯，公平交易，农工商各安其业，人心悦服。采取轻赋税、重生

杜文秀墓(2002 年 1 月)

产、肃吏治等措施；军队内部注意各民族团结，大量启用不同民族的干部，力量不断发展壮大。全盛时，占领赵州、蒙化、永平、云州、顺宁、龙陵等云南53个县。贵州金万照、马凌翔、马河图领导的义军，陕西、四川蓝大顺等领导的义军都与之相通。六次粉碎清军大规模进攻，并于同治元年（1862），严辞拒绝清军议和要求。1867年十月，命蔡廷栋率十八大司，组织20余万大军东征，围攻昆明，在一年多时间内攻克楚雄等数十城。后因太平天国失败，清军调集优势兵力并采取政治分化手段，致使东征失败。1870年，大理四面受围。次年，曾有自称杜文秀义子的刘道衡，在伦敦向英国“求援”，未果。1872年十一月，大理城城陷，为免屠城，杜文秀服毒后由部属叛将杨荣解送清营，愿以一死保全城回民生命，被杀害。终年50岁，葬于大理。

杜文秀墓位于云南省大理市七里桥乡下兑村东50米。杜文秀在下兑村殉难后，草葬于村东荒冢，1917年其婿张志勋为之建长方形石墓。1985年，大理市人民政府新建长方形墓体石椁，将原墓包涵其中。墓前嵌“大元帅杜文秀墓”石碑一通。石砌墓座，边长10米，高1.5米。并增建护栏。

杜文秀元帅府(2002年3月)

〔清〕左宗棠墓

左宗棠

左宗棠（1812—1885），晚清湘军统帅之一。字季高，湖南湘阴人。举人出身。初为湖南巡抚骆秉章幕僚，遍读群书，钻研军事。1860年，由曾国藩推荐，率湘军5000人赴赣、皖、浙边境与太平军作战。1861年底，任浙江巡抚，勾结法国侵略者组织“常捷军”，先后攻陷严州（建德）、金华、绍兴等地，升闽浙总督，1864年陷杭州。进军漳州和嘉应州镇压太平军余部李世贤、汪海洋。1866年开办福州船政局，时为清政府最大的新式造船厂。同年调任陕甘总督，进攻捻军。后又率军镇压西北回民军，先后夺取董志原、金积堡、太子寺、肃州（甘肃酒泉）等处，纵兵残杀。在1865年间，中亚浩罕汗国军事头目阿古柏入侵新疆，建立伪政权。1871年，沙俄强占伊犁地区。左宗棠驳斥放弃新疆的论调，力主收复失地。1875年任钦差大臣，督办新疆军务。他制订了“先北后南”、“缓进速战”的方略，兵分三路出关，讨伐阿古柏，收复乌鲁木齐、玛纳斯等北路四城，肃清了北疆。沙俄乘机诱迫阿古柏签订“边界条约”，将大片中国领土划给俄国。

左宗堂墓(2000 年 3 月)

左宗棠察其阴谋，挥军攻打南疆阿古柏巢穴，收复吐鲁番等地。1877年阿古柏势穷，在库尔勒服毒自杀。英国出面要清廷允许阿古柏残部安集延占据喀什克尔数城，“立为保护国”，左宗棠予以严斥。派兵收复南疆，将阿古柏子伯克胡里等残匪逐出国境。之后，以武力为外交后盾，收回伊犁。至此，天山南北两路彻底平定，阻遏了俄英对新疆的侵略。收复新疆后，左宗棠建议新疆设省，提出浚河渠、建城堡、清丈地亩、厘正赋税等主张。1881年任军机大臣，调两江总督。中法战争时，任钦差大臣督办福建军务。1885年病死于任内，终年74岁。谥文襄。著有《左文襄公全集》。

左宗堂墓前的望柱(2000 年 3 月)

左宗棠墓位于湖南省长沙县石门乡白竹村。左宗棠死于福州，次年归葬于此。原墓已毁，1985年修复，占地面积约1400平方米。墓高0.7米，底径2.8米，花岗岩封顶，周有石围。墓碑三通，主碑楷书“清太傅大学士恪靖侯左文襄公之墓”。墓区内有石几、香炉、望柱等。望柱上楷书阴刻“汉业唐规西陲永固；秦川陇道塞柳长青”。墓下方有青石碑屏，记载墓主生平简介。为省级文保单位。

［太平天国］陈玉成墓

陈玉成纪念馆

陈玉成（1837—1862），太平天国后期名将。原名丕成，广西藤县人，祖籍桂平。14岁随叔父参加金田起义，初为童子兵。1853年太平天国建都天京（今江苏南京），任左四军正典圣粮，职同监军。次年，随军西征，奇袭武昌，旋升殿右三十检点。1855年冬，因战功擢冬官正丞相，随秦日纲解镇江之围，参与破清军江南、江北大营之役。1856年，天京内讧。次年封成天豫、又正掌率，和李秀成等共主军事，成为太平天国后期的主要军事领导人。1858年，封前军主将，与李秀成部联合作战，先击溃江北大营，后又取得三河大捷，全歼湘军精锐李续宾部。次年，挥师攻克庐州（今安徽合肥），俘安徽巡抚李孟祥，屡败清军盛保部，旋晋封为英王。1860年，再破江南大营，率军入浙逼杭州，后再次西征。1861年进至湖北黄州（今黄冈），他与李秀成会师武汉未成，回援安庆失利而退守庐州。1862年春，派部将李得才、赖文光等率部远征西北。夏初从庐州突围，在寿州（今安徽寿县）为叛徒苗沛霖诱执，送清军盛保营，坚贞不屈，旋在河南延津英勇就义。终年26岁。陈玉成治军严整，骁勇富谋略，善筑垒围攻、抄袭后路以及于收队时杀回马枪，故有“三十检点回马枪”之谚。

陈玉成墓碑(2001年3月)

陈玉成墓位于河南省延津市城西南环城路东（原西校场）。墓冢系一土丘。解放后，政府在其就义地建陈玉成纪念馆。并在墓前建一碑亭，内立“太平天国革命英雄陈玉成墓”碑一通，以示纪念。为省文物保护单位。

［清］左宝贵墓

左宝贵墓前石狮

左宝贵（1837—1894），晚清抗日名将。字冠廷。回族，山东费县人。行伍出身。1856年，因打伤官兵，被绑至军营，当了清兵。曾参与镇压太平军和捻军。初隶僧格林沁部下，升为副将。后授广东高州镇总兵，驻防奉天（沈阳）。1891年，参与镇压热河朝阳（今属辽宁）金丹教起义。1894年，中日甲午战争爆发，与卫汝贵、马玉昆、丰绅阿等各率所部渡鸭绿江入平壤，屡挫来犯日军，扼守城北玄武门。9月15日，日军集中排炮猛攻，城外堡垒相继失陷，制高点牡丹台被敌占领，他登城督战，向统领各军的叶志超求援，叶拒发援兵，主张弃城逃跑。他派人监视叶志超。激战中不幸中炮阵亡。终年58岁。

1895年，清政府在其祖墓地山东省平邑县地方镇地方村，为其修建了衣冠冢，内埋他的一只靴子。墓冢原为圆锥形封土，用长石条砌成长方形，并有牌坊、石刻等建筑。现在封土残高1.1米，周长约20米。墓后立“左宝贵衣冠冢”文保碑一块。1994年，民族英雄左宝贵殉国百年，其后裔在墓前立“继承发扬爱国精神”百年祭碑。墓前尚存石狮、华表各一对和两个残碑座。华表高3.8米，东西两侧为浮雕图案，南北两面为刻铭，北面刻：“经百战，勇冠诸军，常开平天下奇男子；守孤城，心拼一死，张睢阳右之烈丈夫”。

左宝贵墓

〔清〕寿山墓

新整修的寿山将军墓(2003 年 6 月)

寿山（1860—1900），姓袁，字眉峰。清末将军。1860年生于瑷珲，汉军正白旗人。其父富明阿（明尚书袁崇焕七世孙）为吉林将军。

寿山自幼好学，欲以功业报效国家。1885年，袭骑都尉世职，以员外郎归部选用，后迁郎中。1894年日军进犯奉天（今辽宁），他主动请缨，驰赴奉天抗击日军，任步兵统领，时其弟永山已任马队统领。寿山兄弟与日军多次激战。十一月攻克连山关（辽宁本溪南），击毙日军步兵大尉斋藤正起，日军死伤40多人。继而在攻凤凰城时，遭日军埋伏。永山率马队增援一面山（辽宁凤城南）时战死。寿山等引军力战，余队始得转移。次年，在汤岗子（辽宁鞍山南）与日军激战时，中弹负伤，子弹由右腹穿入左臂，仍色不为动，继续迎战。敌退后，跨马行30里回营，血盈衣裤。由于他英勇善战，受到清廷嘉奖，擢升开封知府，未到任。1898年八月，升任黑龙江副都统，帮办黑龙江边防和军务。1899年十二月，署黑龙江将军。1900年夏，沙俄数路入侵黑龙江，寿山率部奋起抗俄。因众寡悬殊，力战不支，省城齐齐哈尔失陷。寿山坚守“军覆则死”之誓言，于8月28日自杀殉职。终年41岁，葬于杜尔伯特。

寿山墓位于黑龙江省杜尔伯特蒙古自治县一心乡胜利村西部沙丘南坡。原墓室以青砖砌成，正方形，拱形顶，封土高约7米，白灰固表。墓南侧沿坡势有三层土台阶。1948年和1958年两次遭到破坏。20世纪末，当地政府重修此墓。墓为圆丘形，以水泥固顶。高约1米，周长约12米。墓前立“袁寿山将军墓”石碑一通。

〔清〕冯子材墓

冯子材(2001年3月)

冯子材（1818—1903），晚清抗法名将。字南干，号萃亭。广东钦州（广西钦县）人。1850年参加刘八领导的天地会起义，次年降清。随张国梁镇压太平天国和贵州苗民起义。1862年升广西提督。1882年称病辞职。中法战争爆发，清廷和战不定，导致清军在越南的失败。1885年，经两广总督张之洞等力荐帮办广西军务，率粤军援桂，驻防镇南关（今友谊关），被推为“前敌主帅”。团结各军，积极备战。3月13日法军偷袭被击败，退至文渊城。23日法军在尼格里指挥下，分三路来犯，他督师奋战，次日将敌压入山谷，25日下令总攻，法军丢下一千多具尸体，逃往谅山。清军乘胜追击，26日攻克文渊城，29日克谅山，歼敌千余。清廷与法国签约停战，下令撤军，他致电清廷，要求严处卖国贼，废除条约，抗战到底，却招严斥，不得不含泪班师。后历任广西、贵州提督等职。1903年病逝，终年86岁。谥“勇毅”。

被盗墓者丢弃的冯子材的棺木

冯子材墓位于广西钦州市东15公里的沙埠镇泥桥村。始建于光绪三十一年（1905），墓区规模宏大，墓冢用水泥和砖石构筑，呈围椅状。墓前的水泥台阶两侧，有翁仲、狮、虎、马等石刻5对。迎面有自治区立“冯子材墓”的文物保护碑。在墓后的坟丘上有个新盗洞，已朽的棺木板被拖出墓室。据文物部门讲，该墓多次被盗，此案正在追查中。

〔清〕张之洞墓

张之洞（1837—1909），清末重臣、洋务派首领。字孝达、芗（一作香）涛、香岩，号壶公、无竞居士，晚号抱冰。直隶南皮（今属河北）人。1863年中进士。授翰林院编修。1867年，出任湖北学政。1879年，回京任翰林院侍讲学士、内阁学士等职。参与朝内清流派的政治活动，攻击洋务派。反对崇厚擅自与俄国签订《里瓦几亚条约》。1881年，授山西巡抚，从此政治态度一变，大力从事洋务活动。1882年法越事起，他上书16条，奏请筹兵遣使，早为预防。后出任广西巡抚。1884年，中法战争时升两广总督，起用老将冯子材率粤军援桂。在广西边境大败法军，收复镇南关。同时，创办枪弹厂、铁厂、枪炮厂、矿务局等，以新式装备练兵，设立水师学堂。1889年，调湖广总督。在英、德等国支持下，大办洋务，成为后起的洋务派首领。创办汉阳枪炮厂、铁政局、大冶铁矿、马鞍山煤矿和湖北纺纱、织布、缫丝、制麻四局等重轻工矿企业。为培养洋务人材，设武备、农

张之洞

张之洞墓(2000 年 9 月)

工商、铁路、方言、普通教育、师范等类新式学堂，并派学生出国留学。力促兴筑芦汉、粤汉、川汉等铁路。1894年，代刘坤一督两江兼署江宁将军，编练自强军。戊戌变法时，起先支持维新运动，曾列名强学会，发表《劝学篇》，提出“旧学为体，新学为用”的口号。不久下令查禁上海强学会，反对变法。1900年，八国联军占北京时，参加“东南互保”，镇压唐才常自立军和两湖反洋教斗争。1907年，任军机大臣，掌管学部。注重教育事业，对清末教育有很大的影响。

张之洞墓碑

1909年病死，终年73岁，谥文襄。著有《张文襄公全集》。

张之洞墓位于河北省南皮县南3公里的刘八里乡双庙村。墓呈圆丘状，高约2.5米，底边周长约30米。墓前草丛中有残损的碑座、香炉和倒伏的石碑。再前百米许，有1993年重修张公墓立“张文襄公遗爱碑”一通，碑首有“名垂青史”四字。

张之洞墓前倒伏的墓碑(2000 年 9 月)